AF422857

EN BUSCA DEL DESTELLO CREATIVO

HISTORIAS Y REFLEXIONES PARA CONSTRUIR UNA CARRERA EN EL MUNDO DEL DISEÑO CON PROPÓSITO

E.H. DE LA ESPRIELLA

EN BUSCA DEL DESTELLO CREATIVO
Historias y Reflexiones Para Construir Una Carrera Del Diseño Con Propósito

EN BUSCA DEL DESTELLO CREATIVO

HISTORIAS Y REFLEXIONES PARA CONSTRUIR UNA CARRERA EN EL MUNDO DEL DISEÑO CON PROPÓSITO

E.H. DE LA ESPRIELLA

EN BUSCA DEL DESTELLO CREATIVO
Historias y Reflexiones Para Construir Una Carrera Del Diseño Con Propósito

Impreso en Estados Unidos.

Diseño de portada, sobrecubierta y libro: E.H. de la Espriella

Publicado por Enrique de la Espriella

Primera edición

Español - cubierta dura ISBN: 9798986869285
Ingles - cubierta dura ISBN: 9798986869278
Ingles - cubierta suave ISBN: 9798986869292

Para más detalles visite delaespriella.com/books

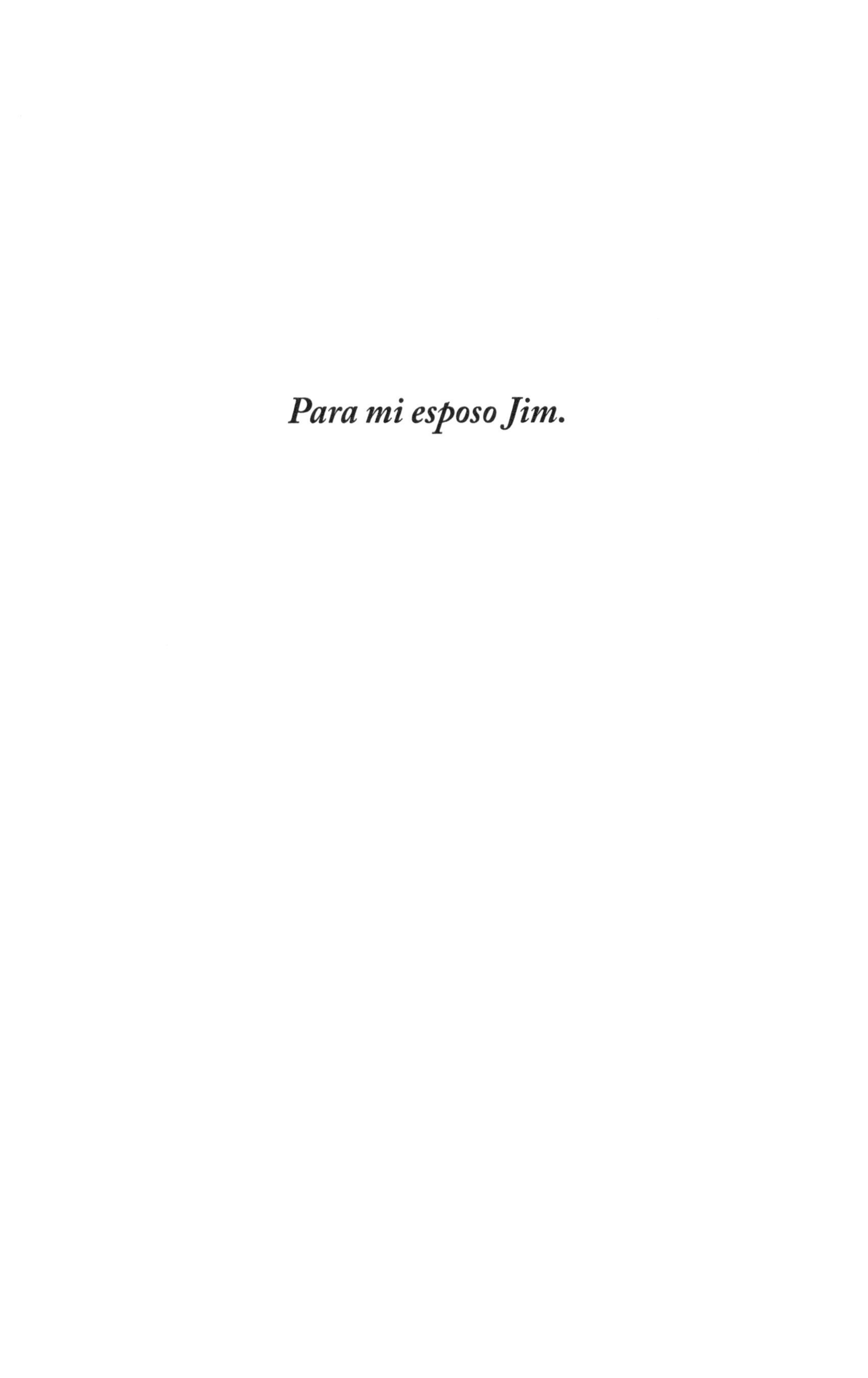

Para mi esposo Jim.

EN BUSCA DEL DESTELLO CREATIVO

PRIMERA PARTE

POR QUÉ ESCRIBÍ ESTE LIBRO

Esta es la historia de una carrera en diseño gráfico: cómo llegué a donde estoy hoy y los numerosos desafíos que me formaron en el camino. Escribí el libro que desearía haber leído al principio.

En aquel entonces, hace más de 35 años, había muchos libros de autoayuda, pero pocos que hablaran directamente con artistas o diseñadores gráficos. Este libro es para artistas y, en realidad, para cualquiera que tenga una carrera creativa.

Mitad biografía y mitad guía, este libro está lleno de lecciones que aprendí durante mi infancia, educación y trabajo. Trata sobre cómo me topé con el mundo del diseño, accidentalmente, o quizás simplemente por estar en el lugar correcto en el momento oportuno, y cómo logré dejar huella a través del trabajo que creé y la creatividad que aporté a cada puesto.

Mi objetivo es responder de las preguntas que tenía cuando era más joven e inseguro (y asustado) de qué camino tomar. Quiero establecer expectativas realistas sobre cómo es trabajar en un campo creativo y, con suerte, inspirarle a usted también a encontrar su lugar en él.

QUÉ QUIERE SER CUANDO SEA MAYOR?

De niño, quería ser médico. Me fascinaba la anatomía: cómo funcionaba el cuerpo, cómo se conectaban todas las partes internas. Una Navidad, pedí *Gray's Anatomy*, el detallado texto médico, y estudié sus páginas aunque muchos términos eran incomprensibles para mí.

En aquellos años, mi tío Carlitos estudiaba odontología. Recuerdo que compartía lo que aprendía, y aunque me pareció interesante, la parte clínica (la sangre, las cirugías, la disección) me hizo darme cuenta rápidamente de que la medicina no era para mí. Respeto a quienes pueden hacer ese trabajo, pero sabía que no estaba hecho para ello. Desde luego, no tenía la misma pasión que mi tío.

Entonces surgió otro sueño: mi hermano y yo construiríamos un teatro de marionetas. No un teatro cualquiera, sino un espacio suntuoso inspirado en la Ópera de París, con tres pintorescos escenarios y marionetas vestidas de seda. Nuestra obra de estreno sería *La Bella Durmiente*, por supuesto, mi cuento preferido. Esa fantasía infantil aún perdura en mi mente. A veces me pregunto cómo habría sido mi vida si hubiera seguido ese sueño.

Más tarde, quise ser cantante, gracias a Donny y Marie Osmond, y luego compositor de música clásica, porque solía componer movimientos sinfónicos completos mentalmente. Incluso hoy, a veces los recuerdo. Nunca aprendí a leer música, pero tenía buen oído. Podía replicar melodías después de escucharlas una vez. Así fue como acabé tocando el saxofón barítono y, más tarde, el corno Frances en la banda de la escuela.

Con el tiempo, soñé con ser actor y director. De niño, era fácil perderse en la fantasía, pero también empecé a imaginar las producciones completas: decorados, vestuario e incluso presupuestos. Ya no era solo teatro. Era visión.

ODIO LAS MATEMÁTICAS

A pesar de mi pasión por el arte y la creatividad, sentí presión interna y cultural por seguir una carrera más práctica, especialmente al llegar al último año de la secundaria. Fue entonces cuando se introdujeron las clases de informática en el currículo por primera vez. Me fascinaba lo que las computadoras podían hacer, así que me propuse obtener una licenciatura en informática.

Hice varias pruebas de aptitud antes de graduarme, ¿y adivine qué? La informática no aparecía en los resultados, pero los de creatividad obtuvieron puntuaciones increíblemente altas. Pero ignoré las señales de alerta. Mis calificaciones reflejaban las pruebas: apenas aprobaba en matemáticas, mientras que destacaba en las clases creativas y científicas. Aun así, desafié la lógica (literalmente) y me matriculé en la universidad para estudiar informática y estadística.

Y mi experiencia universitaria fue un desastre. Reprobé las clases de matemáticas una tras otra. Y cuando uno reprueba tan estrepitosamente, te cambia. Me sentía un fracaso, no solo en la escuela, sino en la vida. Me comparaba con los demás. ¿Por qué era tan fácil para ellos y tan difícil para mí? Esa incertidumbre perduró durante años. No tenía ni idea de qué hacer con mi vida.

La adultez me golpeó fuerte después de la secundaria. Pensé que el éxito me alcanzaría sin problemas. En cambio, me enfrenté al rechazo y a la confusión. ¿Fue el destino? ¿Fue mi propia mala decisión? ¿O fue solo un accidente? Finalmente, encontré el diseño, o tal vez el diseño me encontró a mí. Les contaré cómo sucedió en las próximas páginas. Pero antes de empezar, necesito decirles una cosa más. Cuando tenía unos seis o siete años, mi hermano y yo fuimos a ver la película *Pinocho*, de Disney. Esa película me marcó para siempre. Los personajes, la música, la animación … me transportó. Estaba completamente perdido en el mundo de Pinocho. No pude dormir durante las noches posteriores, aterrorizado de que Monstruo, la ballena, nos tragara a mi hermano y a mí. No sabía cómo se hacían películas como esa, pero sabía, en el fondo, que algún día quería hacer eso, fuera lo que fuese.

ENCONTRANDO MI CAMINO

Después de la secundaria, creía saberlo todo. Me sentía invencible, como si estuviera destinado al éxito. Si es adolescente o joven y lee esto, puede que se sienta igual. Pero la verdad es que no sucede sin un plan. Yo no tenía ninguno. Se hizo dolorosamente evidente cuando empecé a buscar mi primer trabajo. De repente, toda la libertad que tuve de niño se esfumó. Tuve que cambiar mi tiempo, mi vida, por dinero, haciendo el trabajo que alguien más necesitaba.

Mi primer trabajo real fue como mecanógrafo en la biblioteca de la Comisión del Canal de Panamá. No tenía nada que ver con mis sueños. Aun así, me encantaba estar en ese espacio tranquilo y organizado. Con un estilo de vida estadounidense, la biblioteca ofrecía una sensación de orden que me resultaba reconfortante. Utilicé mis habilidades bilingües, ayudé a otros y aprendí mucho sobre profesionalismo, comunicación y la vida. Trabajaba a tiempo completo mientras asistía a clases nocturnas en una universidad privada en Panamá.

Entonces, de la nada, me encontré con una oportunidad inesperada. Un día, una amiga me habló de unas audiciones abiertas para un musical en la ciudad de Panamá —*¡Hello, Dolly!*—, dirigido por el reconocido Bruce Quinn, famoso por sus extravagantes producciones al estilo Broadway. Mi amiga tenía un don para ser el centro de atención e insistió en que fuera con ella. Siempre había soñado la discreta fantasía de actuar, así que acepté. Un jueves por la noche, la recogí en su apartamento y fuimos al teatro.

Estaba radiante de emoción, vestida para impresionar, como si fuera a una importante entrevista de trabajo. El teatro bullía de energía, lleno de jóvenes haciendo audiciones. Estaban eligiendo a los miembros del coro masculino y a los actores secundarios. Después de la audición, nos sentamos a observar el resto del proceso. Disfruté observándolo todo desde la distancia.

Entonces me dio un empujoncito. "Anímate, deberías hacer la audición", dijo. "No tienes nada que perder". Aunque por aquel entonces era tímido e introvertido, el sueño que llevo dentro me animó a seguir adelante. Llené la solicitud de audición y pronto me llamaron con un grupo de chicos. Nos dieron partituras y nos pidieron que cantáramos al piano. No recuerdo cómo soné. Lo que sí recuerdo es que al final de la noche, yo tenía un papel en el coro, y mi amiga no.

Nunca más me dirigió la palabra. Estaba atónito. Me había animado a hacer la audición, y ahora estaba enfadada porque me habían dado un papel. No sabía cómo sentirme. Emocionado, sí. Pero también confundido, culpable e inseguro.

Ser elegido para ese musical fue la primera cosa verdaderamente espontánea que hice en mi vida. Sin planearlo, sin darle demasiadas vueltas. Solo acción. Y para mí, eso fue enorme.

Seguía viviendo en casa de mis padres, ahorrando dinero mientras iba a la universidad. Mi padre ya me tenía en muy baja estima, y sabía que si se enteraba de que estaba en un musical, se volvería loco. Nunca se lo dije a ninguno de mis padres.

Mirando el pasado, creo que se lo oculté porque era algo mío. Era algo que había logrado completamente por mi cuenta. Igual que conseguir un trabajo en la biblioteca o ser admitido a la universidad. Estaba empezando a forjar mi propio camino, uno que no estuviera controlado ni influenciado por ellos.

En un nivel más profundo, simplemente buscaba aceptación en cualquier lugar. El teatro me la dio. Me dio el sentido de pertenencia que anhelaba. Mi padre nunca alentó mis intereses. Mi madre me apoyó más, pero sabía que si le contaba sobre la obra, mi padre acabaría por descubrirlo.

La relación con mi padre había sido tensa durante años. Empezó a deteriorarse tras la muerte de mi hermano menor. Yo tenía trece años cuando lo atropelló un coche y murió. Él solo tenía once. Mi padre nunca se recuperó y se volvió alcohólico, algo que ya llevaba tiempo gestando. Mi hermano y él eran más parecidos en personalidad, así que cuando murió, algo entre mi padre y yo se destruyó para siempre. Nunca aprobó nada de lo que hice. Cada vez que compartía algo que me hacía feliz, él encontraba la manera de restarle importancia. Decía que me quería, pero nunca lo demostraba, a menos que contara darme dinero. Esa era su forma de expresar cariño.

Lo que necesitaba era un padre o una madre que me ayudara a sobrellevar el dolor, la confusión y la vida. Mi madre lo intentó, y siempre le estaré agradecido por ello. Pero tras perder a mi hermano, comencé a distanciarme emocionalmente de mi vida familiar para sobrevivir a la dura realidad de la pérdida.

El teatro me dio algo que mi casa no me dio: alegría,

conexión, una salida creativa. Pero tuvo un precio. Empecé a abandonar clases, sobre todo matemáticas (que de todas formas odiaba). Mirando al pasado, quizá no debería haber aceptado trabajar en *¡Hello, Dolly!* en aquel momento. Pero no me arrepiento, para nada.

Si no hubiera aceptado trabajar en esa obra, nunca habría sabido lo que despertaría en mí.

NO SE CONTENGA

No se abstenga de probar algo nuevo solo por lo que piensen los demás. ¿Cómo sabría si es bueno en algo, o si le encanta, sin experimentarlo nunca?

Recuerdo haber recogido a mi abuela un día para llevarla al bingo. En el camino, hablamos de sueños: cómo perseguirlos y lo fácil que es que se esfumen. Ella notó que no estaba contento con mi vida. Fue entonces cuando me dijo algo que he llevado conmigo desde entonces:

"Sigue tus sueños, aunque eso implique correr algunos riesgos. No esperes. Algún día, podría ser demasiado tarde".

Hablaba por experiencia propia. Mi abuela renunció a muchos de sus sueños para apoyar a los de su esposo. Vivió una vida que no era del todo suya. Eran tiempos diferentes, pero su arrepentimiento aún era palpable. Ese día, intentó evitar que yo cometiera el mismo error.

Solo tenemos una vida. No la desperdicie.

Participar en *¡Hello, Dolly!* me trajo muchas experiencias nuevas. Entré al mundo del teatro comunitario de alto nivel. Hice nuevos amigos, un propósito y una conexión más profunda con mi yo creativo. Conocí a algunos de los mejores artistas de teatro musical de la región. Sobre todo, me di cuenta de que el arte y la creatividad eran mis verdaderas pasiones.

Gracias a esos nuevos contactos, conseguí otros papeles: Carney en *Biloxi Blues,* el director de escena en *Nunsense* y, finalmente, un papel en *West Side Story.* Este último fue muy especial. Bruce Quinn lo dirigió con un toque ochentero, inspirado en el álbum *Thriller* de Michael Jackson. Fue un momento de cambio para él: había dirigido la obra décadas antes cuando un desconocido Ruben Blades la protagonizó.

Interpreté a unos de los Tiburones. Un papel pequeño, pero con un gran significado. Las entradas se agotaron todas las noches. Bruce había elegido un elenco con una diversidad sorprendente, y aunque todos éramos de orígenes diferentes, nos convertimos en una familia unida. Sigo siendo amigo de muchos de aquella producción.

El teatro me dio todo lo que me faltaba.

Nunca me había sentido tan parte de algo. Era pura colaboración: actores, diseñadores, iluminación, sonido, utilería, marketing; todos trabajando por un objetivo común: llevar al público de viaje.

Y entonces la realidad me golpeó. El teatro en Panamá no era un futuro sostenible. Era un pasatiempo querido para muchos de nosotros, algo que hacíamos después de nuestros trabajos "reales". Para mí, fue un salvavidas. Pero sabía que tenía que madurar. Tenía que ganarme la vida. Aun así, esos años me cambiaron. Abrieron una puerta. Y aunque en el camino pasara por otras salas, esa puerta a la creatividad nunca volvería a cerrarse.

EL DIARIO

En aquel entonces, llenaba las páginas de un cuaderno de composición con los recuerdos de mi vida. Mi diario no eran solo palabras, era un espacio creativo. Dibujaba, diseñaba y, lo más curioso, reimaginaba los títulos de las películas que veía en los anuncios, creando nuevos diseños tipográficos para cada una. Mirando al pasado, me doy cuenta de que buscaba desesperadamente vías para la creatividad en un mundo que no ofrecía mucha inspiración, ni en la escuela ni en casa. Ese diario fue un salvavidas para mí, un espacio sano y muy personal para la expresión.

Los diarios son parte esencial del crecimiento. El mío era una mezcla de pensamientos y dibujos: un mundo privado que podía explorar con libertad. Tristemente, en un momento de ira, alimentado por mis luchas personales, los destruí todos. Sufría en silencio tras la muerte de mi hermano. Su ausencia dejó un profundo vacío en mi vida. Habíamos forjado una fuerte relación, y debo haber buscado algo, o a alguien, que llenara ese espacio, solo para descubrir que nada podría reemplazar su presencia. Y aun así, seguí escribiendo, dibujando, creando. Así era como me mantenía conectado conmigo mismo.

LLEVE UN DIARIO

Llevar un diario es uno de los hábitos más saludables que puede desarrollar. No tiene que ser solo palabras; puede ser bocetos, fotos o cualquier colección de recuerdos. Ya sea en un cuaderno o en una carpeta en su teléfono, documentar su mundo interior le ayuda a reflexionar sobre quién era y a comprender mejor en quién se está convirtiendo.

CRECIENDO EN PANAMÁ

Crecí en Panamá, en una familia de clase media, pero nunca sentí que me faltara nada. Mi padre dirigía las lavanderías de los hospitales públicos, y mi madre, decidida a ganarse la vida en contra de la voluntad de mi padre, se convirtió en profesora de inglés en una de las escuelas bilingües más prestigiosas del país, profesión que ejerció durante más de 50 años.

Mis padres tenían talentos artísticos que nunca desarrollaron formalmente. Dibujaban con gran maestría, y de ellos absorbí técnicas tempranas que aún perduran en mis trabajos. Mi madre era, y sigue siendo, una creativa innata. Pintaba sobre porcelana, elaboraba cerámica y traía magia a nuestras vidas. Nunca olvidaré la vez que pintó los personajes de los Cinco Fantásticos de Disney en las puertas del armario de nuestra habitación. Me sentí como si estuviera en un sueño.

En enero de 1976, nuestra familia hizo su primer viaje en avión para visitar a unos parientes en Chicago. Vimos nieve por primera vez e hicimos un muñeco de nieve: ¡pura alegría! Nuestros tíos nos llevaron al Museo de Ciencia e Industria y pudimos ver momias y animales preservados que nunca antes habíamos visto en persona.

Ese viaje marcó nuestra primera visión real del mundo más allá de Panamá. Más tarde ese año, visitamos Miami Beach y Disney cerca de Orlando. Fue inolvidable. La celebración del Bicentenario de Estados Unidos en Disney fue deslumbrante. Ver a Mickey y Minnie en persona fue una experiencia creativa electrizante para nosotros de niños. Sentimos que nuestra imaginación se había hecho realidad. El Reino Mágico era tan grande que lo exploramos durante tres días completos, y mi madre se aseguró de que no nos perdiéramos ni una sola atracción.

Esas vacaciones, junto con las películas y series que nos encantaban de pequeños, dejaron una huella creativa imborrable. Aprendí a dibujar a Goofy, y uno de mis dibujos incluso se publicó en un periódico local. Dibujar se convirtió en un pasatiempo alegre, sobre todo cuando podía sentarme junto a mis padres, papel y lápiz en mano, disfrutando de cada momento.

AMPLÍE SU PERSPECTIVA

Ya sea en otro país o en la ciudad vecina, salir de su entorno cotidiano puede profundizar su comprensión del mundo y de si mismo. Para mí, ese primer viaje demostró que no solo éramos parte de Panamá, sino de algo mucho más grande.

CONVIRTIÉNDOME EN BILINGÜE Y EXTENDIENDO MIS ALAS

Mi madre tuvo una visión: sus hijos aprenderían inglés desde pequeños. El hecho de que ambos padres hablaran con fluidez un segundo idioma nos dio una base sólida. Ella había estudiado con monjas Americanas en un colegio católico femenino y nos inculcó la misma disciplina. Aunque daba clases en nuestro colegio, se aseguraba de no enseñarnos nunca directamente, evitando cualquier percepción de favoritismo. Agradezco esa previsión.

Nuestra escuela era una de las instituciones bilingües más antiguas del país, y en mis últimos tres años me especialicé en ciencias. Fue un camino difícil, sobre todo porque nunca fui bueno en matemáticas como ya describí, pero lo superé gracias al apoyo de mis amigos. Nos apoyábamos mutuamente, decididos a no dejar a nadie atrás. (Sí, "Ohana" de *Lilo y Stitch* ahora resuena con fuerza por algo).

Antes del último año de secundaria, mi madre me dio un regalo que marcaría mi vida: un viaje en autobús de 30 días por Europa con otros 14 adolescentes. Lo pagó ella sola, ahorrando hasta el último centavo. En aquel momento, no comprendí la magnitud de su sacrificio, pero llegaría a comprender que esta era su forma de plantar una semilla: mostrarme que los sueños nacen con intención y crecen con esfuerzo.

Ese viaje me cambió. Me paré frente a monumentos emblemáticos y obras de arte histórico, probé platos que nunca había probado, me emborraché con vino por primera vez en mi vida y experimenté la independencia de una manera que me reveló a mí mismo. Estaba descubriendo quién era fuera del contexto familiar, fuera de Panamá. Estaba empezando a madurar.

VEA EL MUNDO

Viajar no tiene por qué ser lejos ni caro, simplemente tiene que ser diferente a lo que ya conoce. Exponerse a otras culturas, ideas y estilos de vida amplía su creatividad y fortalece su empatía. Le enseña quién es cuando nadie más lo define.

UN SUEÑO RETRASADO

Graduarme de la secundaria fue una victoria difícil de conseguir y me dio esperanza para el futuro. Empecé a investigar universidades en Estados Unidos, atraído por el Instituto de Arte de Chicago. Como mi familia estaba cerca, pensé que podría vivir con ellos mientras estudiaba. Pero cada vez que sacaba el tema de estudiar en el extranjero, mis padres guardaban silencio. Me apoyaban en teoría, pero en la práctica, no me decían nada.

Una noche, mi madre entró en mi habitación mientras estudiaba para un examen y se sentó a mi lado en la cama. Tenía la expresión seria, y supe que algo andaba mal. No tenía ni idea de cómo esta conversación cambiaría mi vida. Con ternura, me dijo la verdad: simplemente no podían permitirse enviarme a estudiar al extranjero. Ese momento me destrozó. Sentí que el futuro por el que había trabajado se había desvanecido. Pude ver la vergüenza en sus ojos. Tenía que decirlo sola. Mi padre se había retirado de la vida familiar tras la muerte de mi hermano y la había dejado con el peso de la situación.

Hablamos de opciones locales, pero ninguna se ajustaba a mis aspiraciones creativas. Sabía que quería estudiar arte, pero no sabía cómo, ni si sería posible. Era inseguro y me dejaba llevar fácilmente, atrapado en una corriente cultural que me alejaba de mis instintos. Anhelaba pertenecer a algo. Quería triunfar, pero nadie podía definir lo que realmente significaba el éxito.

No tenía tíos ricos, ni becas, ni subvenciones que me ayudaran. Así que empecé a ahorrar con mi primer trabajo. Tras una conversación difícil con mi padre, aceptó ayudarme a pagar parte de la matrícula para asistir a una universidad privada en Panamá. Elegí informática como carrera, pero no me convenció. Cuatro años de malas notas confirmaron que no era mi camino.

ESCAPE Y DESPERTAR

Para 1989, el clima político panameño se desmoronaba bajo el peso de la dictadura de Manuel Antonio Noriega. Trabajando para el Ejército de los Estados Unidos en ese entonces, me enfrenté a restricciones solo por ser empleado del gobierno estadounidense. Solo por esa razón, me suspendieron la licencia de conducir y no pude salir legalmente del país. La vida se volvió peligrosa y mi seguridad personal, preocupante.

En abril, pude viajar a Miami para quedarme con una tía hasta que la situación en Panamá se calmara. Ese diciembre, justo antes de Navidad, Estados Unidos lanzó una invasión militar para derrocar a Noriega. Desperté con mi tía sacudiéndome en medio de la noche, diciéndome que fuera a su habitación a ver las noticias. Todavía medio dormido, me paré en su puerta mientras CNN mostraba imágenes de helicópteros sobrevolando la ciudad de Panamá. Caos. Destrucción. Cadáveres en las calles.

Y entonces todo se volvió negro. Me desmayé, abrumado por la conmoción. Mi tía y mi prima me ayudaron a recuperar el conocimiento, y llamé a casa una y otra vez hasta que finalmente pude comunicarme. Mi familia estaba a salvo. Mi madre describió las explosiones y el miedo, pero habían sobrevivido. Y en cuestión de días, Noriega fue capturado y la libertad fue restaurada.

Ese momento me enseñó algo que ninguna clase ni visita podría. El peso de la realidad, la forma en que el trauma se imprime en el alma, no se puede explicar. Hay que vivirlo. Y sobrevivirlo, al igual que sobrevivir al dolor por la muerte de mi hermano o la decepción que le causé a mi padre, se convierte en un capítulo de tu desarrollo.

LUCHA O HUIDA

Estudiar informática resultó ser una decisión estratégica accidental, aunque en aquel momento no me di cuenta. ¿Quién hubiera pensado que las computadoras se volverían esenciales no solo en tecnología, sino también en los campos creativos, como el diseño y la animación?

Tras mudarme a Miami, comencé a trabajar en las oficinas corporativas de Royal Caribbean Cruises. Aunque no era lo que quería hacer en ese momento, fue simplemente un nuevo comienzo. El trabajo me ayudó a ampliar mi red de contactos y, lo que es más importante, me permitió conocer un círculo de amigos muy necesario. Ya tenía una amiga íntima en Miami, Judy, que se convirtió en una fuente de fortaleza durante un período de profundo choque cultural.

No importa de dónde sea ni adónde va: cambiar de entorno es desorientador. Con el tiempo, aprendí lo normal que era sentirse perdido por un tiempo. Judy y yo nos escapábamos por la noche, yendo a los clubes de Miami y Miami Beach, y conocí a mucha gente nueva gracias a ella. Me mantuvo con los pies en la tierra cuando todo parecía incierto. Me dio esperanza cuando quise regresar a casa por lo desconectado que me sentía de la vida en general. En ese momento, mantener el contacto con mi familia en Panamá era difícil y caro; no había teléfonos inteligentes ni aplicaciones de mensajería gratuitas. Estar lejos de casa se sentía realmente lejos.

EL CAMBIO ES UNA CONSTANTE

Como adultos, el cambio se vuelve más intenso y frecuente. Dejar el hogar, ir a la universidad, las rupturas amorosas, mudarse de ciudad, perder a seres queridos: cada cambio puede desestabilizar su identidad. La única manera de avanzar es aceptar el cambio, no resistirse a él. Entre en cada nuevo capítulo con un enfoque de aprendizaje. Haga preguntas. Tome notas. Acepte la incomodidad como una señal de crecimiento. Hoy, cuando me enfrento a un nuevo proyecto o un reto que nunca antes había tenido, lo veo como una oportunidad para crear mi propio camino, paso a paso.

Mi experiencia en informática me permitió conseguir un trabajo en la línea de cruceros, y ahí fue donde empecé a construir mi primera red de contactos en Estados Unidos, más allá del círculo de apoyo de mi amiga Judy. Aunque disfrutaba de la estabilidad, seguía sintiéndome perdido. Dibujaba por las noches, más como terapia que por intención. En realidad, no tenía un plan; solo intentaba sobrevivir cada día. Estaba creciendo en tiempo real, solo, pagando el alquiler, gestionando las facturas y trabajando a tiempo completo. Algunos días disfrutaba de mi trabajo, pero a menudo me sorprendía preguntándome qué más podría haber ahí fuera. Sabía que no quería trabajar en la industria de los cruceros ni en ventas el resto de mi vida.

LA RED IMPORTA

Sus contactos son su arma secreta. Nadie asciende solo. Construya relaciones genuinas basadas en la confianza y el respeto mutuo. Ser amable, abierto y servicial le llevará más lejos que la manipulación o el egoísmo. Las personas en su vida no son herramientas; son aliados potenciales, mentores, colaboradores e incluso amigos para toda la vida. La integridad atrae el apoyo adecuado.

En aquel entonces, la línea de cruceros crecía rápidamente, incorporando nuevos barcos a su flota y ascendiendo en la industria. Conseguí transferirme a otros departamentos y conocer personas de diferentes niveles de la empresa.

Una tarde, durante un descanso en el jardín de la empresa con vistas a la Bahía Vizcaína y al centro de Miami, un nuevo compañero entabló conversación. Se llamaba Roger. Había empezado recientemente como ejecutivo de cuentas y, por razones que no pude explicar, parecía sentirse atraído por mí. Quizás fuera mi carácter tranquilo, o la inquietud que transmitía tan abiertamente.

Conectamos, nos hicimos buenos amigos y empezamos a pasar un rato juntos después del trabajo. En nuestras conversaciones, surgió el tema de los sueños. Roger me preguntó qué quería hacer realmente con mi vida y, por primera vez, lo dije en voz alta: "Quiero ser animador". Casi me sentí como si hablara en otro idioma o como si fuera otra persona. No podía creer lo franco que era. Y entonces me hizo una pregunta sencilla pero que me cambió la vida:

"Si eso es lo que quieres, ¿qué te lo impide?"

Esa pregunta me quedó grabada en mi mente. Me di

cuenta de que lo que más me frenaba … era yo mismo. Había vivido bajo una nube de dudas durante tanto tiempo que había dejado de darme crédito. Tuvo que ser un desconocido, ahora un amigo, para señalarme lo que no podía ver: yo era quien me impedía avanzar por falta de planificación y de conciencia de que era dueño de mis propias posibilidades.

En esa época, Disney acababa de inaugurar su tercer parque temático en Orlando, Disney-MGM Studios, y yo lo había visitado hacía poco. Ver a animadores profesionales trabajando tras un cristal durante el tour de animación del parque me conmovió profundamente. Incluso reconocí a Rubén A. Aquino, un legendario animador de Disney. Ese mismo año, *El Rey León* habia llegado a los cines. Todavía recuerdo ver esa secuencia inicial con amigos, con escalofríos en la espalda. Fue mágico. Me devolvió la sensación de niño viendo *Pinocho* y *La Bella Durmiente*. Había vuelto a caer bajo el hechizo de Disney. Pero estaba en Miami, sintiéndome como un don nadie, estancado, inseguro y completamente perdido.

¿Se identifica?

El apoyo de Roger desencadenó un cambio. Empecé a trazar un plan general. Con cada vez más confianza, apliqué en la New World School of the Arts, un programa del Miami Dade Community College. Reuní un portafolio de dibujos, pinturas y collages, y, sorprendentemente, me aceptaron. Sorprendido porque no sabía que lo tenía dentro, pero ahí estaba, haciéndolo. Primer paso: hecho.

Me enamoré de este nuevo camino de educación creativa. Tomé clases de dibujo de figuras varias veces solo para dominar la habilidad que requería la animación de Disney. Quizás por segunda vez en mi vida, sentí que estaba justo donde pertenecía: haciendo algo que me apasionaba.

El dibujo se convirtió en mi enfoque. Poco a poco, mi portafolio creció. Por primera vez, estaba construyendo las bases para la energía creativa pura que siempre había llevado dentro. Antes, diseñaba y dibujaba sin un verdadero sentido de estructura o propósito. New World School of the Arts me proporcionó los fundamentos que me faltaban.

La clase de Historia del Arte, en particular, lo cambió todo. Aprender sobre la estética Egipcia y China me abrió los ojos al estilo, el significado y la intención. Empecé a ver mi trabajo desde una perspectiva más amplia, comprendiendo no solo cómo crear, sino también por qué. Mi curiosidad natural me ayudó a sumergirme en esos contextos históricos, y es una cualidad que sigue influyendo en mi proceso creativo hoy en día.

Todo artista necesita una base. La mía empezó aquí.

Preguntese:

- ¿Disfruta aprender sobre otras culturas, especialmente las razones detrás de su arte y diseño?
- ¿Ve ideas visuales en la vida cotidiana (colores, texturas, patrones, incluso música o movimiento) dando vueltas en su imaginación?
- ¿Se encuentra fantaseando con proyectos creativos (películas, sinfonías, historias, incluso sueños surrealistas) y los plasmas en su mente?
- Cuando crea arte, ¿le sale de forma natural o le cuesta?
- Cuando tiene dificultades, ¿busca ayuda para superarlas?
- ¿Cuenta con un círculo de apoyo (amigos, familiares, profesores o mentores) que le brinde comentarios honestos y útiles?

Estas son las preguntas que empecé a hacerme a medida que profundizaba en mi trayectoria artística. Un día en el trabajo, hablaba con mi supervisora sobre mis sueños y esperanzas. Le conté lo mucho que quería dedicarme a algo creativo, tal vez incluso trabajar para Disney algún día. Ella ya sabía que estudiaba arte y a menudo me veía dibujando en mis descansos. En ese momento, dibujaba todo el tiempo.

Lo que dijo a continuación me sorprendió: me habló de una exempleada que había trabajado en nuestra empresa, pero que ahora se había mudado Orlando para trabajar con Disney Animation. Se ofreció a ponernos en contacto. Sentí como si me hubiera ganado la lotería.

Claro, todavía no había pasado nada, pero la posibilidad me iluminó. Ese mismo día, después del trabajo, llamé a Roger para darle la noticia. No sabía si esta señora respondería a mi llamada, ni mucho menos si se interesaría en ayudarme. Lo único que teníamos en común era el mismo empleador, pasado y presente.

Pero, para mi sorpresa, me devolvió la llamada. Me contó su historia, que coincidía con la mía más de lo que esperaba: ella también había vivido en Miami, había estudiado arte y había perseguido sus sueños en Orlando. Se ofreció a vernos la próxima vez que viniera a visitar a su familia. Un mes después, durante sus vacaciones de

1993, vino a mi apartamento y revisó mis dibujos.

Para ser sincero, no tenía mucho; principalmente bocetos de dibujo de figuras de mis clases. Noté que no estaba muy impresionada, pero fue amable, generosa con sus comentarios y me explicó claramente en qué necesitaba trabajar.

Estas son algunas de las lecciones clave que compartió conmigo, sabiduría que quiero transmitir:

1. Una pieza débil puede arruinar todo un portafolio. Cada muestra que incluya debe ser sólida y consistente.

2. Los dibujos naturales y los bocetos de gestos son esenciales. Demuestre que comprende cómo se mueve el cuerpo humano; esto también aplica a animales y objetos inanimados.

3. Los dibujos estilizados necesitan bases sólidas. Sus exageraciones y abstracciones deben demostrar que comprende la estructura.

4. La dimensionalidad importa. Haga que las figuras o los efectos resalten de la página; cree la ilusión de profundidad y movimiento.

5. Un portafolio sólido contiene entre 10 y 20 piezas variadas. Ni demasiadas ni muy pocas, y cada una

debe tener una función.

Esa reunión me cambió. Salí no solo con comentarios, sino con una renovada orientación. No me desanimó. Al contrario, se centró en lo que era posible. Vio mi potencial y mi pasión, y eso me motivó a seguir adelante. También me indicó los pasos prácticos a seguir.

Me habló del programa de aprendiz de Disney, dónde solicitar y qué tipo de trabajo se esperaba. Su visita, su amabilidad y su fe en mí despertaron algo que no había sentido en mucho tiempo: ambición.

Empecé a dibujar más que nunca. Cada día. Pero en el fondo, sabía que mi trabajo aún no estaba listo para aplicar. Algunos de sus comentarios me acompañaron, alimentando la voz insegura en mi cabeza. Pero esta vez, esa voz no ganó. La usé como motivación. Sabía que podía mejorar, y lo hice.

Finalmente, armé un portafolio más sólido y lo presenté a Disney Feature Animation para su siguiente convocatoria de aprendices. Ella me había advertido: Disney recibe miles de propuestas cada año y la competencia es feroz. La pasión por sí sola no sería suficiente; mi trabajo tenía que destacar.

Unos meses después, llegó el sobre con la respuesta.

Un sobre auténtico, de Disney. Lo sostuve como si fuera un tesoro, con las manos temblorosas. Ni siquiera lo había abierto, pero el simple hecho de recibirlo me llenó de posibilidades. Había hecho algo. Me había arriesgado. Me había acercado a mi sueño.

Abrí el sobre lentamente, leyendo cada palabra.

Me agradecieron mi envío, pero me informaron que no había sido seleccionado. ¿El motivo? Mis muestras no mostraban suficiente detalle en las figuras en movimiento, una cualidad esencial para la animación. Y tenían razón. Esa siempre había sido una debilidad en mi trabajo. Podía dibujar figuras estáticas, pero me costaba darles esa sensación de vida, esa energía animada que Disney requería.

Estaba destrozado. Me sentía derrotado, como si me hubiera estado engañando todo el tiempo. Tal vez no estaba listo. Tal vez no era lo suficientemente bueno. Mi contacto me había advertido de lo difícil que sería esto, y tenía razón. Aun así, dolía. Mucho.

Pero el rechazo es parte del camino. Aún no había terminado.

GESTIONANDO LA DERROTA Y EL RECHAZO

Recibir esa carta de rechazo de Disney me impactó más de lo que esperaba. Me sentí destrozado. Todo el apoyo que había recibido de amigos, profesores y mentores de repente sonó vacío. Todos me habían dicho que tenía talento. Todos me habían dicho: "Deberías aplicar". Y ahora aquí estaba, con mi sueño frustrado. Ahora entendía cómo se debió sentir mi amiga cuando la rechazaron para un papel en *¡Hello Dolly!* Pero no me desquité con nadie.

Durante meses, caí en una profunda depresión. El rechazo sacudió algo dentro de mí, no solo creativamente, sino personalmente. Lo cuestioné todo: mi talento, mi potencial, mi propósito. Me pasaba las noches mirando al techo, preguntándome si trabajar en una línea de cruceros era todo lo que estaba destinado a hacer. Sentía que el mundo me decía: "Esto es todo. Confórmate".

Pero en el fondo, sabía que no era mi *ikigai*, mi razón de ser. Tenía más que dar. Quería dar más. Este NO era mi propósito en la vida. Y poco a poco, muy poco a poco, empecé a comprender algo: el hecho de haberlo intentado significaba que ya había llegado a la mitad de la subida.

No podía detenerme ahora.

Esta revelación no llegó de la noche a la mañana. Me tomó semanas, luego meses, salir de esa depresión. Tuve que lamentar la pérdida, no solo la de la oportunidad, sino también la de la fantasía que había creado a su alrededor. Soy una persona profundamente sensible, y este rechazo no fue solo profesional, sino personal. Así de comprometido estaba.

Y quiero decir esto claramente: no me arrepiento de lo duro que fue. Hay quienes se recuperan rápidamente. Otros se rinden por completo. Pero para quienes, como yo, lo sentimos todo, es un proceso. Tenemos que vivir cada etapa: negación, ira, tristeza y, finalmente, aceptación, a las malas.

Aprendí que el rechazo es subjetivo. Un crítico podría preferir un estilo o una técnica diferente. Y en esa subjetividad, hay espacio para crecer; no para internalizar el fracaso, sino para evolucionar. Una vez que logré liberar la tristeza y la decepción, comencé a vivir de nuevo y a dibujar nuevamente.

Mis amigos me recordaron: "Esta fue tu primera solicitud. La mayoría de la gente no entra a la primera". Tenían razón. En aquel entonces, los aprendices de animación tradicionales escaseaban. Disney solo aceptaba a un puñado de artistas de todo el mundo. Estaba compitiendo contra talentos que ni siquiera podía imaginar, muchos con un talento increíble y años de formación.

Seis meses después, lo volví a intentar. Otro rechazo. Y luego otro. Rechazado por tercera vez.

Cada negación me traía una oleada de colapso emocional: periodos de depresión que empezaron a afectar mi vida personal de formas nuevas e inquietantes. Me preguntaba si alguna vez sería lo suficientemente bueno. Me preguntaba si alguna vez triunfaría como animador o si Disney era solo un sueño que debía abandonar.

Pero algo me impulsó a seguir adelante. Quizás fue el hecho de que otras personas también trabajaban allí. Personas reales, como yo. Quizás fue la voz de mi contacto de Disney, que seguía animándome a seguir intentándolo. Me dijo algo que nunca he olvidado:

"Esto no es un fracaso. Es un paso más hacia el éxito. Ahora ya sabes qué no hacer. ¡Úsalo!"

Ese simple replanteamiento me ayudó a recuperar una parte de mí. Me devolvió la identidad que había perdido con el rechazo.

En el trabajo, me volví más inquieto. El trabajo en

una compañía de cruceros, que antes era una fuente de estabilidad, ahora se sentía como una caja en la que no podía respirar. Mi sueño seguía rondando en el horizonte, y ya no podía ignorarlo. No tenía red de seguridad, ni promesas, ni ofertas de trabajo. Pero tenía el deseo de seguir adelante. Mis amigos me mantuvieron a flote emocionalmente, pero estaba solo en todos los demás sentidos. Hubo noches en las que lloré hasta quedarme dormido, cuestionándolo todo. Pero la llama nunca se apagó.

Para el verano de 1994, tomé una decisión audaz: mudarme a Orlando sin trabajo asegurado y con solo tres meses de ahorros. Empaqué mis cosas y me despedí de Miami, la ciudad que había sido a la vez mi hogar y mi crisol.

La partida fue agridulce. Había conocido gente maravillosa, pero también había vivido algunos de los años más solitarios de mi vida. Llegué a Miami como una versión superficial y distante de mí mismo. Me fui como alguien que había crecido, luchado y comenzado a comprender la forma de su propia resiliencia.

Le debo mucho de eso a mi amiga Judy. Nos conocíamos desde la infancia en Panamá. Se mudó a Estados Unidos antes que yo y reencontramos el contacto en Miami. Ella era mi pilar. Cuando las cosas se ponían feas, me quedaba a dormir en su apartamento. No teníamos mucho; algunas noches, la cena consistía solo en espaguetis con salchichas cortadas en pedacitos. Pero para nosotros, era un festín. Judy nunca se rindió. Trabajó duro, persiguió sus sueños y superó cada obstáculo con determinación y gracia. Verla me hizo creer que yo podía hacer lo mismo.

CONSTRUYA SU CÍRCULO

Nadie lo logra solo. Necesita gente que crean en usted, sobre todo cuando olvide cómo creer en si mismo. Rodéese de mentores, amigos y familiares que le animen cuando esté deprimido y le recuerden su valor. Ese apoyo emocional se convierte en su armadura mental. No es debilidad, es estrategia. El éxito rara vez se logra solo.

Hablamos a menudo de sus metas y de lo que queríamos llegar a ser. Ella era resiliente de una manera que admiro profundamente. Más fuerte que yo. Pero nunca me hizo sentir inferior. Me hizo sentir mejor.

Vivir en Miami me enseñó que la vida no era fácil. No hay mapa. No hay garantías. Estaba en un país que apenas entendía, intentando construir un futuro desde cero. Había estado en malas relaciones que me dejaron emocionalmente agotado. Cuando me fui de Miami, acababa de salir de una relación complicada de dos años; otro peso que llevé conmigo a Orlando.

Pero a pesar de todo, a pesar de los rechazos, el desamor, las dudas, seguí adelante. Porque en el fondo, todavía creía que podia hacer mis sueños realidad.

COMENZANDO DE NUEVO

Llegar a Orlando fue como respirar de verdad por primera vez. Era una oportunidad para empezar de cero, pero el peso de no tener trabajo aún persistía. Me dije a mí mismo que esta mudanza tenía que significar algo. Me hice una promesa discreta: encontraría el trabajo de mis sueños y tal vez, solo tal vez, conocería a alguien con quien compartir mi vida. Ese vacío que sentía en mi interior necesitaba llenarse.

Esa primera semana, conduje hasta el Disney Casting Center en Lake Buena Vista. El edificio parecía sacado de *Alicia en el País de las Maravillas*, con coloridos murales que conducían a un vestíbulo caprichoso. Solicité todo tipo de empleo, pero un puesto me llamó la atención: reservaciones de los hoteles de Disney. Con mi experiencia en cruceros, parecía una opción fácil. No era el trabajo de mis sueños, pero era un paso adelante.

Me entrevistaron ese mismo día y salí con esperanza. Luego ... nada. Pasó una semana. Luego dos. Luego tres. Empecé a preocuparme. Pero como un mes después, recibí la llamada: me habían contratado como agente de reservaciones temporal a partir de octubre. Era el salario mínimo y no había garantías, pero era Disney. Esa llamada lo fue todo. Lo que era aún más atractivo era que ganaría la enorme cantidad de 25 centavos más que otros agentes porque hablaba un segundo idioma.

Tres semanas durante el entrenamiento, sucedió algo inesperado: a nuestro grupo le ofrecieron puestos permanentes. Oficialmente tenía un trabajo, y con él, la puerta a la posibilidad se abrió un poco más.

Seis meses después, me reuní con mi supervisora para hablar sobre oportunidades de crecimiento. Le comenté que esperaba algún día trabajar en animación, ya que me encantaba todo lo creativo y me gustaba dibujar. Su respuesta me sorprendió.

Me miró y dijo: "Acabas de empezar aquí. Y, sinceramente, ¿de verdad crees que tienes lo que se necesita?". No me conocía de nada. Nunca había visto mis trabajos artisticos. Pero, de alguna manera, se sintió con derecho a echar por tierra mi sueño. ¿Sería por ser joven? ¿Por ser latino? ¿Por hablar un idioma más que ella? Sus palabras me dolieron. Pero también me encendieron. Salí de su triste y pequeña oficina decidido a demostrarle que se equivocaba. A partir de ese momento, concentré toda mi energía en encontrar una salida del departamento de reservaciones.

Aun así, un año y medio después, aun contestaba llamadas. Había días en los que sentía que no podría escapar. El anhelo de ser artista nunca me abandonó; solo se hizo más fuerte.

Un momento positivo surgió cuando ayudé a capacitar a nuevos empleados. Una de las nuevas integrantes del grupo me dijo que su hermano era animador de efectos especiales en el estudio. Ella nos presentó y, a través de él, comencé a forjar conexiones.

Una tarde, me reuní con un animador principal de *El Rey León* en un restaurante cercano. Traía a un colega. Ambos revisaron mi portafolio y me ofrecieron comentarios amables y constructivos. Para ese entonces, mi trabajo había mejorado significativamente, pero la industria estaba cambiando rápidamente. La animación tradicional estaba siendo reemplazada lentamente por técnicas digitales, y ahora luchaban por decidir qué hacer con sus propias carreras.

Seguí aplicando a todas las vacantes creativas que pude encontrar. En aquel entonces, las ofertas de empleo de Disney salían todos los jueves: impresas, archivadas, al estilo clásico. Seguí aplicando todos los jueves. Y con paciencia, finalmente, algo cambió.

En 1996, recibí una llamada. Era para un nuevo puesto en el estudio: un puesto en el tour de animación actualizado, donde los artistas dibujarían personajes en vivo para los visitantes del parque. Para entonces, ya había solicitado el programa de aprendiz nueve veces y no había superado la fase de portafolio. Pero ahora, querían entrevistarme.

Presenté mi trabajo actualizado, pasé por varias entrevistas y esperé.

Pasaron las semanas. La ansiedad me invadió, familiar e inoportuna. Me preparé para el rechazo; era evidente que, para entonces, habían decidido contratar a otra persona. Pero me equivoqué. Recibí la llamada. Me habían seleccionado. Sin embargo, el trabajo era temporal, solo por el verano. Después, tendría que volver a el departamento de reservaciones. Pero esta vez, era diferente. Tenía un pie dentro del edificio de animación. No había vuelta atrás, ni emocional ni espiritualmente. Por fin había tocado el sueño.

El puesto consistía en presentar al público durante la nueva visita guiada al estudio. Teníamos que dibujar en directo frente a la cámara mientras activábamos las señales de vídeo y los efectos de iluminación, y finalmente revelar una vista del estudio de animación tras un panel de cristal esmerilado.

Lanzamos el nuevo espectáculo junto con el estreno de *El Jorobado de Notre Dame*. Tuve que aprender a dibujar los personajes con rapidez y precisión, mientras actuaba frente al público. Hacía años que no me subía a un escenario, así que mi primer espectáculo fue estresante: tenía que recordar cada señal, cada botón, cada línea del guion. Pero fue mágico. ¡Por fin estaba trabajando como artista ... para Disney!

Al acercarse el final del proyecto, ocurrió algo inesperado. Mi nuevo supervisor del centro de reservaciones mencionó que su esposa administraba la tienda de la galería de animación, el lugar que los invitados visitaban al salir del tour. Había visto mi espectáculo y buscaba un artista que pintara celuloide de animación frente al público.

Le pregunté si podía conocerla, así que lo organizó. Presenté mi solicitud por el canal adecuado, me entrevistaron y audicioné. Necesitaban ver si podía pintar celuloide con la precisión requerida. Por suerte, había estado practicando el proceso de pintura con kits de celuloide que se vendían en la tienda de la galería.

Aprobé el examen fácilmente.

Cuando terminó mi función en la gira de animación, pasé directamente a Ink & Paint, y nunca más volví al centro de reservaciones.

LA VIDA TRAS EL CRISTAL

El trabajo en Ink & Paint era intenso. Teníamos cuotas diarias y pintábamos a la vista de los invitados tras una mampara de cristal que llamábamos "La Pecera". Aunque para entonces la pintura al celuloide para largometrajes ya se había digitalizado, seguíamos preservando la tradición produciendo obras de arte para el mercado de objetos de colección.

También había variedad: pintábamos, mezclábamos colores a mano para que coincidieran con los modelos de color, reponíamos el inventario y, a menudo, trabajábamos directamente con los invitados para explicarles el proceso. Además de mi trabajo habitual en Ink & Paint, tuve oportunidades increíbles de poner en práctica mis habilidades de dibujo con un par de proyectos paralelos. Primero fue *The Animation Celebration* (1996) en el evento de la gira de centros comerciales *El Jorobado* de Disney-MGM Studios, con tecnología de vanguardia, aunque el sofocante calor del verano le restó magia. Aun así, pude aprovechar mis experiencias previas en el escenario y mi talento creativo.

Un año después, tuve otra oportunidad de trabajar en

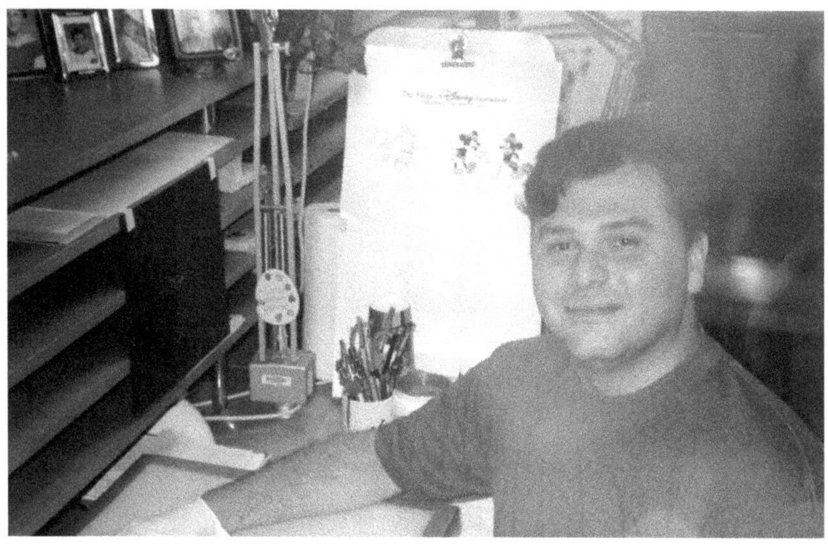

Trabajando en el Fish Bowl en el Departamento de Ink and Paint 1996. ©Disney

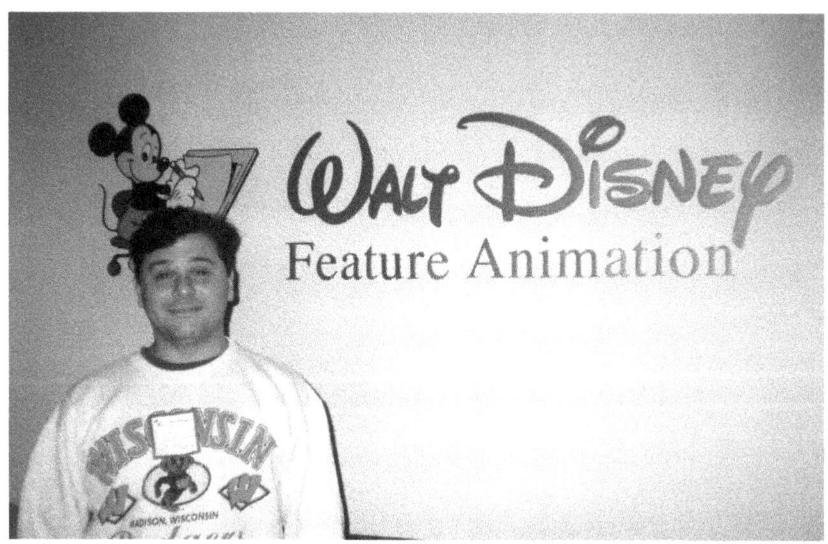

En las nubes en el edificio de Walt Disney Feature Animation en Burbank mientras entrenaba para el *Disney's Hercules Mega Mall Tour*, Enero 1997.
©Disney

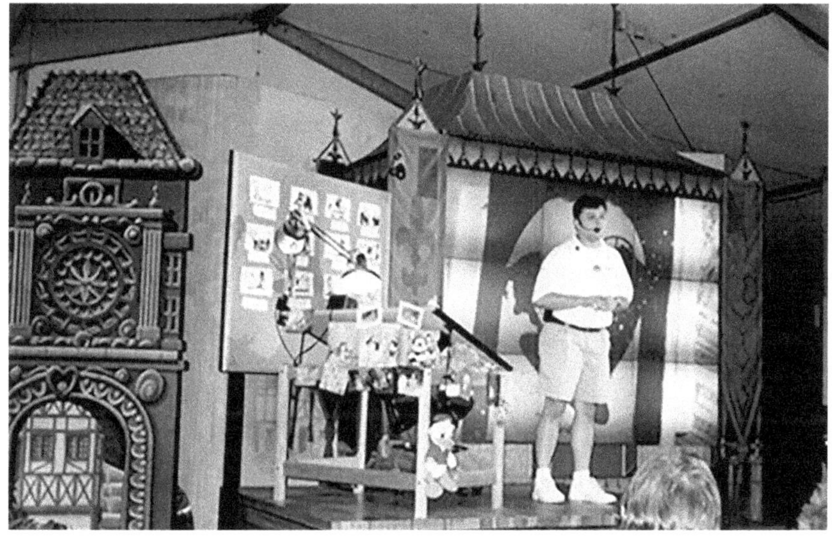

Actuando en la Celebración de Animación de *El Jorobado de Notre Dame*.
©Disney

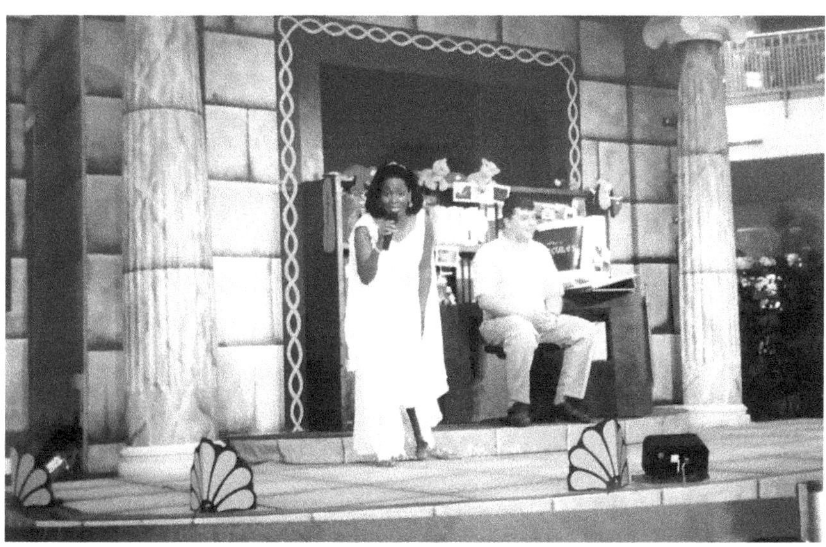

Actuando con Connie Jackson en el *Disney's Hercules Mega Mall Tour*, 1997.©Disney

el *Hercules Mega Mall Tour* (1997). Audicioné por video-conferencia (algo nuevo en aquel entonces) y tuve que dibujar a Mickey Mouse mientras respondía preguntas del director del espectáculo. Gracias a mi experiencia en giras de animación, lo logré. Me seleccionaron como suplente para la gira y entrené en California durante 30 días ese enero, conociendo a animadores como Nik Ranieri y Eric Goldberg. Practicamos el dibujo de personajes de *Hércules* en poco tiempo y ensayamos obras de teatro con un elenco de artistas increíblemente talentosos, muchos de los cuales se convirtieron en estrellas de Broadway y la televisión. Personalmente, recorrí 13 ciudades de Estados Unidos y Canadá. Visité el estudio de Burbank. Vi a los niños iluminarse cuando dibujaba personajes en tiempo real. Pude hacer lo que amaba y sentí que finalmente estaba viviendo mi sueño.

PUNTOS DE INFLEXIÓN Y PASO DE PÁGINA

Con el tiempo, las cosas empezaron a cambiar. La animación tradicional se estaba olvidando. La tecnología digital se estaba imponiendo. El trabajo se sentía más limitado, y aunque contribuí creativamente, diseñando un celuloide especial de *Mulan* con fondo de acuarela y el diseño de el sello de edición, no fue suficiente para saciar mi pasión interior. Solicité todos los puestos posibles en animación: corrector, intermediario, efectos especiales, incluso para asistente de producción de nivel inicial. Hice una prueba de corrector de animación y obtuve la puntuación perfecta; detecté todos los errores intencionales. El gerente de contratación, alguien a quien conocía, dijo que era la mejor prueba que habían visto. Aun así, no me ofrecieron el trabajo. Se lo dieron a alguien que ya estaba en el departamento. Fue devastador. ¿No era lo suficientemente bueno? ¿Sería por ser latino? ¿Por ser gay? No lo sé. Pero el silencio hablo bastante.

Entonces, para alimentar mi ambición, empecé a buscar oportunidades en otros lugares. DreamWorks y otros estudios de California y Vancouver, Canadá, buscaban trabajo para muchos puestos por aquel entonces. Me atrajo especialmente DreamWorks en aquel entonces; acababan de estrenar *El Príncipe de Egipto*, que había visto varias veces, completamente fascinado por su profunda conmoción. Empecé a solicitar trabajo para todo. Estaba como obsesionado.

Un día, recibí una respuesta de DreamWorks. Estaban interesados en hacerme una prueba para un puesto de animador intermedio, un puesto de animador responsable de dibujar los fotogramas que completan los movimientos entre los dibujos clave. Es un trabajo tedioso, a menudo sin acreditar, pero es como muchos animadores consiguen entrar en el mundo del cine. Esta podría ser la oportunidad que estaba esperando. La única condición era que tenía que hacer la prueba en persona en su estudio en California.

Después de varios correos electrónicos con el reclutador de animación, nerviosamente le comenté la idea a mi novio (ahora esposo): un viaje a California para hacer el examen. Sabía que era una posibilidad remota. Ya me habían rechazado de Disney muchísimas veces. Pero no podía quitarme la sensación de que esto importaba. La voz de mi abuela resonaba en mi mente: su convicción de que debemos arriesgarnos o nunca sabremos qué habría pasado. Así que reservamos un viaje dentro de nuestras posibilidades, eligiendo un hotel modesto cerca del campus de DreamWorks en Glendale.

Nunca olvidaré el momento en que mi novio me dejó en el estudio esa mañana. El campus del estudio parecía una villa española: hermoso, tranquilo, casi surrealista. El reclutador me recibió y amablemente me dio un breve recorrido. Recuerdo lo tranquilo que se sentía, lo silencioso que era. Finalmente, me llevaron a una pequeña sala de estudio con una mesa de animación preparada solo para mí. Sobre ella había un paquete de prueba, lápices, borradores y una nota con instrucciones. Debía completar cinco fotogramas intermedios.

Cuando abrí la carpeta de prueba, me quedé sin aliento. La escena era de *El Príncipe de Egipto*: un primer plano del rostro de Moisés. Tenía que animar cinco dibujos entre el primer y el último fotograma clave. Solo cinco. Pero tenían que ser perfectos.

La prueba duró ocho horas, y estuve en las nubes todo ese tiempo. Ya había hecho trabajos intermedios antes, pero esto era diferente. Esto era real. Me obsesioné con cada línea, cada matiz, intentando demostrar detalle, control, comprensión del movimiento. Lo irónico, claro, es que esos cinco dibujos pasarían en un abrir y cerrar de ojos en la pantalla, sin que el público los notara. Pero sin ellos, la escena no parecería real en absoluto.

Cuando mi novio me recogió en la tarde, estaba emocional y físicamente agotado. Lo había dado todo. Y a pesar de los nervios, sentía que había hecho todo bien.

Al regresar a casa, le escribí una sincera nota de agradecimiento al reclutador, lleno de esperanza. Pasó una semana. Nada. Volví a escribir. Finalmente, recibí una llamada. El reclutador me dijo que había hecho un buen trabajo. Pero no lo suficiente. No me seleccionaron. Pero me animó a seguir aplicando.

Otro rechazo. Otro desamor. Pero, de alguna manera, no dejé de creer.

Durante estos tiempos difíciles, seguí forjando relaciones en todo el estudio local, con la esperanza de mantener la inspiración incluso cuando la puerta a la animación seguía cerrada. En ese momento, Disney Design Group seguía alojado en el mismo edificio que el de animación, lo cual fue una coincidencia afortunada. Este era el departamento responsable de crear toda la increíble mercancía, arte y objetos de colección que se vendían en los parques y en línea, y entre los muchos artistas talentosos que tuve el privilegio de conocer, tuve la especial suerte de cruzarme con Ralph Kent.

Ralph fue un líder creativo con una trayectoria extraordinaria. Desempeñó un papel fundamental en mantener los altos estándares de calidad exigidos para las ilustraciones de Mickey Mouse, asegurando que el atractivo global del personaje se mantuviera constante e icónico. Incluso se le atribuyó el diseño del primer reloj de Mickey Mouse. Pero lo que realmente me impactó fue que Ralph tenía una conexión directa con el propio Walt Disney, ya que había trabajado en el estudio de Burbank durante la época dorada de la animación. Conocerlo fue surrealista; me sentí honrado y agradecido a la vez. Era una leyenda de Disney por derecho propio, y de alguna manera, allí estaba, hablándome.

A través de mi trabajo en Ink and Paint, lo fui conociendo mejor, y un día me armé de valor para preguntarle si estaría dispuesto a enseñarme un par de cosas sobre sus técnicas de dibujo. Para mi sorpresa y profunda gratitud, dijo que sí. Se tomó el tiempo de guiarme, ofreciéndome consejos sobre cómo dibujar líneas expresivas y fluidas, líneas que transmitieran peso, carácter y emoción. Hasta entonces, ni siquiera había considerado cómo una línea podía tener tanta profundidad. Pero Ralph tenía una forma especial de revelar el alma de un dibujo.

Lo que más significó para mí no fue solo lo que me enseñó, sino su generosidad con sus conocimientos. No me trató como a alguien de bajo nivel; me trató como a un artista, como a alguien de su nivel. Vio algo en mí o al menos me animó a verlo en mí mismo. Los momentos que pasé con él fueron más que educativos: me empoderaron. Sentí que pertenecía a un lugar. Me hizo creer que podía lograrlo. Aun así, a pesar de ese progreso y las conexiones que había hecho, seguía teniendo dificultades para acercarme a los puestos que realmente soñaba. Pero esos primeros ánimos, especialmente de alguien como Ralph, fueron mi motor. Me impulsaron a seguir adelante.

Finalmente, me hice la pregunta más difícil: ¿Por qué lucho tanto por formar parte de algo que no me quiere? Al final, un día llamé a una jefa de contratación del estudio con el que llevaba un tiempo en contacto para preguntarle sobre las próximas oportunidades y me dijo algo que me despertó:

"¿Por qué sigues buscando animación? Todo el departamento se está desmoronando".

Y tenía razón. Poco después, Disney cerró el estudio de Florida, despidiendo a casi todos.

Ese rechazo, el que más me dolió, puede que haya sido la mayor bendición. Pero en ese momento, no podía verlo. Solo sabía que lo había intentado con todas mis fuerzas. Que había llegado lejos. Y que tal vez, solo tal vez, era hora de soñar en una nueva dirección.

DISEÑO GRÁFICO:
MI DESTINO INESPERADO

A finales de los 90, se hizo evidente que la animación por computadora estaba tomando el relevo. Los métodos tradicionales se desvanecían, y con ellos, muchas de las posiciones con las que alguna vez soñé. Había pasado años persiguiendo la meta de trabajar en animación de largometrajes, pero ahora las reglas del juego cambiaban, y no tenía más remedio que adaptarme a ellas.

Empecé a buscar un nuevo camino. Siempre había tenido buen ojo para el diseño y un profundo amor por el arte. Ahora la pregunta era: ¿cómo podía usar esas dos cosas para construir un nuevo futuro? La verdad era que no tenía un plan. Nunca aprendí a planificar a largo plazo. No crecí con esa mentalidad, y ahora sufría las consecuencias.

Pero la creatividad siempre me había atraído, incluso cuando intentaba fingir que pertenecía a otro lugar. Como les conté al principio del libro, pensé que quería ser médico. Sonaba a algo realmente impresionante. ¿Pero la verdad? No me iluminó. El arte sí. Volvía a él una y otra vez en cada conversación, cada ensoñación, cada cuaderno de bocetos. Me llenaba. Me hacía sentir pleno.

Hacia el final de mi último año en Ink & Paint, alrededor del año 2000, encontré una escuela en línea que ofrecía un certificado en diseño gráfico. Su nombre es Sessions.edu, y lo mejor fue que podía aprender a mi propio ritmo. Eso me importaba. No me sentía apresurado. Podía ir despacio, absorberlo todo y realmente captarlo bien.

En aquel entonces, Sessions solo ofrecía certificados, pero hoy ofrecen títulos completos. En aquel entonces, ese certificado era justo lo que necesitaba. Tenía instinto para el diseño, pero no tenía las bases. No sabía el "porqué" de las cosas que creaba. Quería entender las reglas para, con el tiempo, poder romperlas con propósito.

También empecé a aprender por mi cuenta programas de Adobe como Photoshop e Illustrator. En aquel entonces, el software venía en paquetes separados, cada uno con su propio manual de instrucciones. Utilicé la serie *Classroom in a Book* para aprender a usarlos y me hice una promesa: dos horas cada noche, después del trabajo. Solo yo, la computadora y unas ganas cada vez mayores de aprender. Así, empecé a crear proyectos personales para construir mi portafolio: folletos, anuncios publicitarios, carteles ... todo lo que se me ocurría. No me limitaba a seguir el proceso. Poco a poco, me iba enamorando del diseño más y más.

Un año después, obtuve mi certificado en diseño gráfico. Me llevó tiempo, pero cuanto más estudiaba, más confianza tenía. Finalmente empecé a creer en mi propio talento, no porque alguien me dijera que era bueno, sino porque lo veía en mi propio trabajo.

Para entonces, ya había dejado el departamento de Ink and Paint y había aceptado un trabajo en las oficinas principales de Disney Cruise Line. Fue un paso atrás, al menos en teoría. Pero emocional y mentalmente, era un paso que necesitaba desesperadamente. Ink and Paint se estaba volviendo creativamente sofocante. Necesitaba un respiro de toda la negatividad que reinaba en la animación en ese momento y de las limitaciones creativas del trabajo.

El trabajo en una línea de cruceros no era glamuroso, pero me dio algo importante: espacio. Espacio para sanar, espacio para estudiar y, inesperadamente, un espacio para crear. Y una forma de empezar de cero. Mientras trabajaba allí, necesitaban carteles y materiales para eventos internos, especialmente sobre diversidad e inclusión, que empezaban a ser una parte cada vez más importante de la cultura de la empresa. Me ofrecí como voluntario para ayudar con mis recién adquiridas habilidades de diseño. Me proporcionó experiencia real en diseño con plazos ajustados. Más que eso, me devolvió el propósito.

Durante ese período de transición, también empecé a pintar al óleo. No tenía formación académica, así que simplemente cogí un lienzo y empecé a pintar como si mi vida dependiera de ello. Y quizás, en cierto modo, así fue. Aquellos años fueron duros y emocionalmente agotadores. Hubo días en que me sentí perdido de nuevo, pero pintar me ayudó a mantener los pies en la tierra. La lentitud, la superposición de colores, la espera ... me enseñaron a tener paciencia. Me dio un lugar seguro donde expresar todas las emociones que no siempre podía expresar en voz alta. Pintar se convirtió en una especie de terapia y me dio algo a lo que aferrarme mientras descubría mi próximo camino.

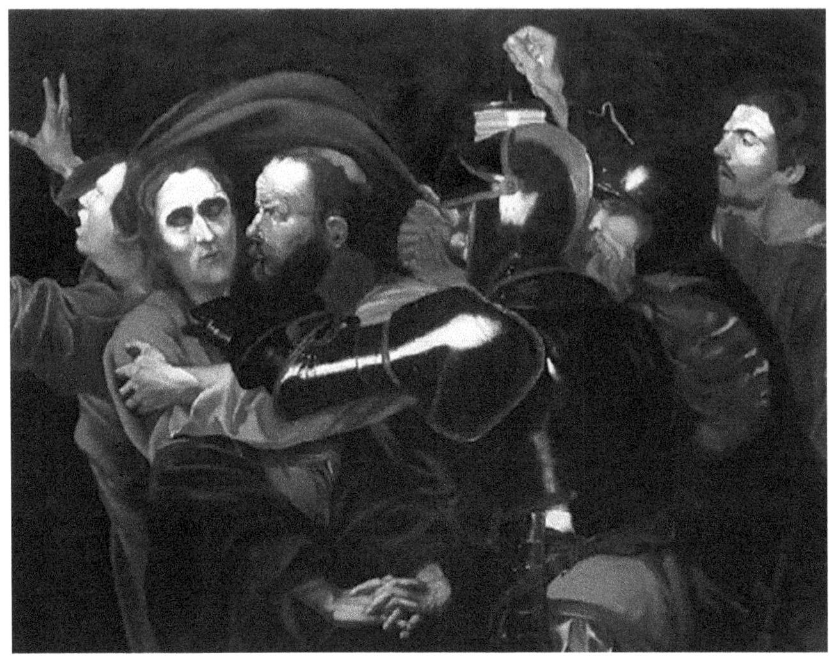

Estudio de *El Prendimiento de Cristo* de Caravaggio, óleo sobre lienzo, 60" x 48", 2001.

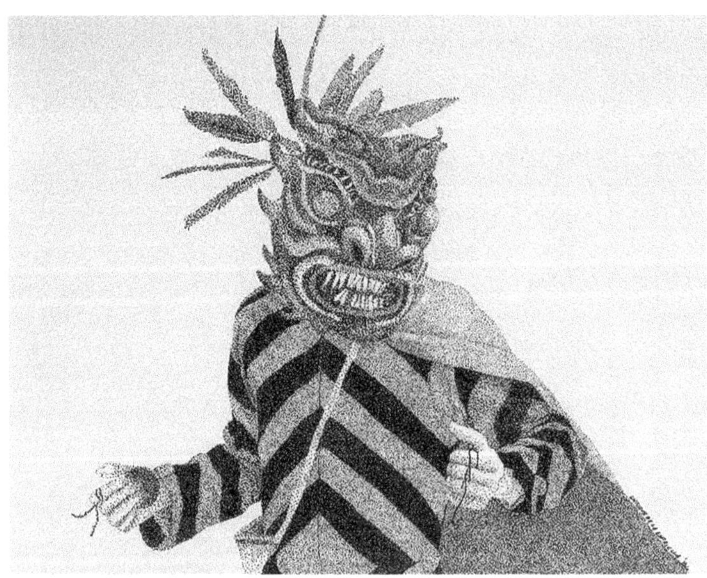

Diablico Sucio, puntillismo de tinta sobre papel, 7" x 5"

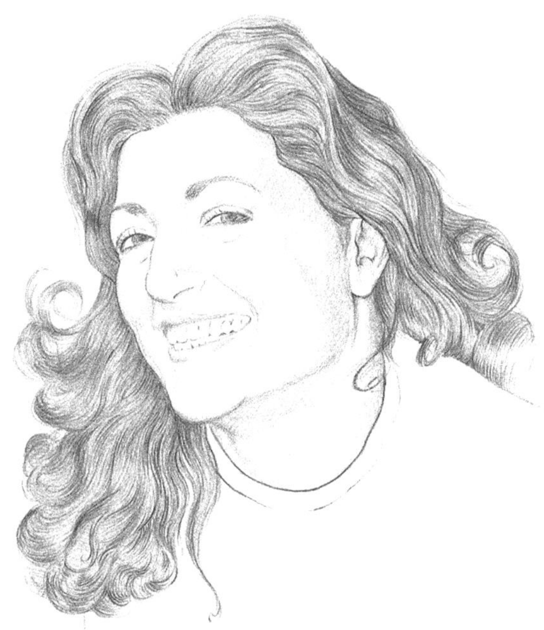

Zara, lápiz sobre papel, 8" x 10", 2004.

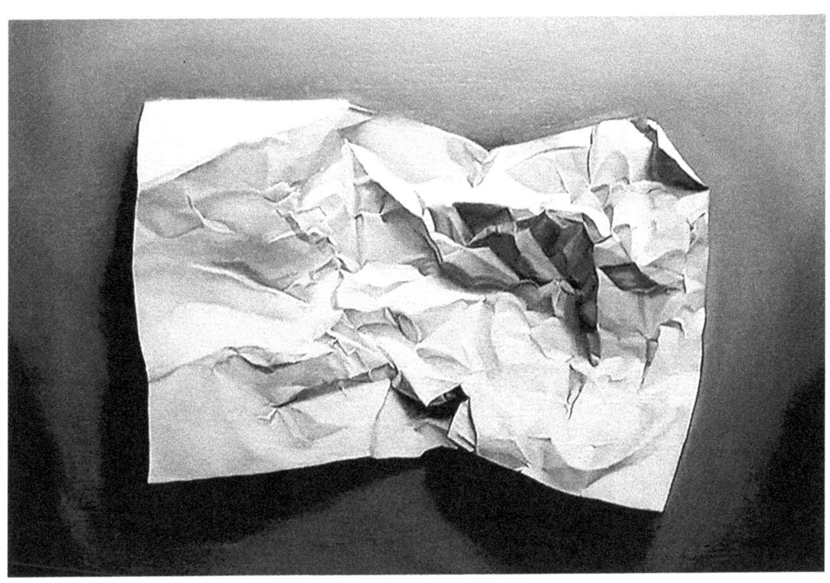

Unwrapped Nothing, óleo sobre lienzo, 18" x 12", 2007

UN PASO ATRÁS, DOS PASOS ADELANTE

A veces, dar un paso atrás es lo más valiente que puede hacer. Dejé un trabajo soñado porque ya no me nutría. Esa decisión me abrió puertas que no sabía que existían. No tenga miedo de alejarse de algo que se ve bien por fuera si le está aplastando por dentro. Merece más que sobrevivir: merece crecer profesionalmente.

CÓMO OFRECER VOLUNTARIAMENTE SU TALENTO

De generosamente cuando pueda. No recibí remuneración por el trabajo que hice durante ese tiempo, pero lo que obtuve fue mucho más valioso: experiencia real, un portafolio más sólido y el recordatorio de que la creatividad tiene poder incluso sin un sueldo. Se trata de un propósito. Y ese propósito regresará para recompensarle.

Cuando finalmente me sentí listo, empecé a solicitar trabajos de diseño gráfico. Esta vez, lo abordé de forma diferente. Después de tantos rechazos en el mundo de la animación, había aprendido un par de cosas sobre lo que significa estar preparado y sobre no condicionar mi autoestima a cada resultado.

Para entonces, diseñar se había convertido en algo natural. Lo hacía constantemente, simplemente por amor al arte. Me asignaba tareas y creaba sin presión. De alguna manera, eso lo hacía todo más fácil.

En 2001, conseguí mi primer trabajo oficial de diseño gráfico en el departamento de ventas. Todo empezó con una entrevista con tres personas. Llevé una copia impresa de mi portafolio, no solo para mostrar mi trabajo de diseño, sino para demostrar que entendía todo el proceso: maquetación, producción y técnicas de impresión que van más allá de lo que se ve en pantalla. Noté que estaban impresionados, y en una semana recibí una oferta. Fue un logro importante. Sin favores ni contactos internos: solo mi trabajo, mi preparación y mi pasión. Fue mi primer triunfo real en esta nueva etapa de mi vida.

Cuando recibí la oferta, me quedé atónito con el sueldo. Nunca había ganado tanto en mi vida. Fue surrealista, como si de repente hubiera encontrado oro. Mi novio y yo salimos a cenar esa noche, no solo para celebrar el nuevo trabajo, sino para honrar lo que realmente representaba: un punto de inflexión, un despegue profesional y una silenciosa confirmación de que todos los sacrificios finalmente estaban dando sus frutos. Casualmente, también celebramos el ascenso de mi novio, literalmente el mismo día.

Lo curioso es que el departamento de ventas estaba ubicado en el edificio del centro de reservaciones. El solo hecho de saberlo me provocó una oleada de emociones, algunas buenas, muchas difíciles. Allí había comenzado mi carrera en Disney años antes y donde conocí a mi esposo. Allí también conocí a Shellie, quien fue fundamental para conectarme con el mundo de la animación a través de su hermano Tony. Estaba tan traumatizado por el trabajo en reservas que tenía un miedo irracional de que me obligaran a volver a las llamadas si la empresa tenía poco personal, algo que en el fondo sabía que nunca podría volver a hacer.

Ese primer día fue inolvidable. Mi escritorio estaba en una pequeña oficina compartida con tres o cuatro empleados más, y me esperaba una caja de bienvenida llena de regalos, un gesto que al instante me hizo sentir reconocido y apreciado. A medida que pasaban las horas y conocí al equipo y a mi nuevo líder, sentí algo que no había sentido en mucho tiempo. Sentí que pertenecía.

Mirando hacia el pasado, me doy cuenta de que había estado buscando la animación por las razones equivocadas. No solo quería el trabajo; quería recibir credito en pelicula, el estatus y la validación. Pero ¿me habría encantado hacerlo todos los días? ¿Me habría llenado? Probablemente no. Simplemente se había convertido en una obsesión malsana.

El diseño gráfico era diferente. No se trataba de demostrar algo. Se trataba de expresión y de resolver problemas. Se trataba de crear algo hermoso y funcional al mismo tiempo. Ya no competía contra nadie más, solo contra mí mismo. Ese cambio lo cambió todo en mí.

RECIBIENDO COMENTARIO CREATIVO EN ESTE NUEVO MUNDO DEL DISEÑO

En cualquier trabajo, recibimos comentarios, a veces directamente, pero más a menudo, indirectamente. Nos dicen que aprendamos de ello, que crezcamos gracias a ello, pero nadie nos enseña realmente cómo recibirlo. Ni cómo darlo. Definitivamente no lo enseñaron en la escuela, ni en la de diseño ni en la vida. Y, sin embargo, es una habilidad tan vital como administrar el dinero o entender el crédito. Si más personas supieran cómo dar y recibir comentarios de forma constructiva, el mundo, especialmente el del diseño, sería un lugar mejor.

Aprendí esta lección desde el principio, durante mi primer trabajo en Ventas. Tuve el privilegio de trabajar junto a otro diseñador talentoso llamado John. Empezamos casi al mismo tiempo, nos hicimos muy amigos y aprendimos muchísimo el uno del otro. Compartíamos nuestros proyectos, intercambiábamos críticas y siempre intentábamos inspirar en lugar de derribar. Ni siquiera lo llamábamos comentarios; simplemente era nuestra forma de trabajar. Honestos, considerados y amables. Fue el mejor curso intensivo sobre colaboración en diseño en el mundo real. Ahí fue donde empecé a comprender que no todas los comentarios son iguales.

Hay dos tipos de comentarios: objetivo y subjetivo. El comentario subjetivo es una opinión personal: "No me gusta ese color" o "¿Podemos hacer que resalte?". No se basa en principios de diseño ni en objetivos de comunicación. Se basa en las preferencias individuales de la persona, sus gustos personales o incluso en su estado de ánimo ese día. A veces, es completamente aleatorio. Una vez, alguien me pidió que añadiera un efecto estrella a un diseño y luego lo cambiara de azul a naranja ... solo porque sí. Sin razonamiento ni relevancia, solo porque vieron algo similar una vez y pensaron que funcionaba. Sucede mucho. Los diseñadores bromean sobre este tipo de comentario porque a menudo es absurdo, pero la verdad es que puede ser agotador. Aun así, a veces, incluso el comentario más subjetivo esconde una pizca de verdad que puede mejorar su trabajo. Solo tiene que saber filtrar la información para encontrarlo.

El comentario objetivo, por otro lado, se basa en los fundamentos del diseño. Está ligado a la claridad, la jerarquía, la teoría del color, la tipografía, la alineación:

aspectos importantes. También se basa en una comprensión profunda del mensaje intelectual que se transmite y cómo se conecta con la identidad de la marca. Cuando alguien le dice que un titulo no es legible o que un diseño no está bien definido, y puede explicar por qué, eso es oro. Ese es el tipo de comentario que le ayuda a crecer.

Pero aquí está el reto: la mayoría de las personas no hablan el lenguaje del diseño. Así que, como diseñadores, traducir se convierte en parte de nuestro trabajo: leer entre líneas, comprender la intención detrás del comentario, incluso si las palabras no son del todo adecuadas.

He tenido críticas vagas, de una sola línea, que me dejaron perplejo, y otras que me ofrecieron comentarios tan detallados que no dejaron espacio para la creatividad. En ambos casos, la clave está en generar confianza. Conozca a la persona que le da el comentario y aprenda de su estilo. Ayúdele a entender qué tipo de aporte le resulta útil. Ahí es donde comienza la verdadera colaboración.

Cuando recibo comentarios vagos o demasiado subjetivos, respondo con preguntas, no a la defensiva, sino por curiosidad. Pregunto: "¿Cuál es el motivo de ese cambio?

¿Me perdí algo en el briefing de diseño?"

"¿Podría explicarme mejor qué no le funciona para que pueda comprender mejor sus comentarios?"

"¿Qué sensación espera evocar?"

Pregunto no porque quiera cuestionar su opinión, sino porque quiero comprender y ofrecer una solución satisfactoria para completar el proyecto a tiempo.

A veces me piden que "baje un poco la imagen" o que "agrande el título", y esos pequeños ajustes pueden desbaratar toda la estructura de un diseño. Por eso es importante conversar.

La mejor manera de evitar este tipo de desajuste es hacer las preguntas correctas desde el principio. Cuando los clientes o líderes dicen: "Solo experimenta", me estremezco un poco. Es como diseñar a ciegas. Desperdicia tiempo, energía y creatividad, y decepciona a todos.

Pero si me dan puntos de referencia como una frase, una explicación, una foto, un estado de ánimo, incluso una escena de una película, puedo construir a partir de ahí. La inspiración tiene muchas formas. Incluso la poesía o la escultura pueden convertirse en la base de un concepto de diseño sólido.

Lo cierto es que mucha gente no sabe cómo dar comentarios de diseño. Carecen del vocabulario necesario o la formación necesaria. Por eso, trabajar con un director creativo o de arte experimentado es un regalo. Se nota la diferencia en los comentarios. Es estructurado, mucho más perspicaz y respetuoso. Deja espacio para la creatividad y, al mismo tiempo, le anima a profundizar en sus ideas. Pero independientemente de quién sea el cliente o el líder, siempre intento establecer el tono desde el principio.

Al empezar un nuevo proyecto, digo algo como:

"Me encantaría que sus comentarios fueran lo más descriptivos y objetivos posible: qué le gustó, qué no y por qué".

Y sí, a veces hay que dar la mano, y eso está bien, sobre todo en las primeras etapas de una relación. Hacer preguntas durante todo el proceso ayuda a guiarlo y a mantener a todos alineados.

Cuando llego a la décima revisión y el cliente sigue insatisfecho, me detengo y me pregunto: ¿Estoy resolviendo el problema correcto? ¿O ...el cliente no sabe lo que realmente quiere? Es una situación difícil, pero sucede.

Luego está el temido "Simplemente no me gusta", sin explicación. Ese tipo de comentarios solían desmoralizarme. Pero con el tiempo, me di cuenta de que no se trata de mí. Se trata de ellos. Les cuesta expresar lo que piensan. Les ayudo a encontrar las palabras. Les hago preguntas para descubrir qué no les gusta, los escucho y los ajusto con delicadeza.

Cuando entrego un diseño revisado, he aprendido a ser breve en mis explicaciones. Una o dos líneas como máximo para resumir los cambios, sobre todo si no me tomé todos los comentarios al pie de la letra. Si algo me pareció extraño o no funcionaba, digo que hice un ajuste creativo y explico el porqué en una frase clara y profesional. Intento no sobredefenderme ni sobreexplicar. Si el trabajo necesita demasiada justificación, probablemente aún no sea lo suficientemente sólido.

Con el tiempo, he notado patrones en la forma en que los líderes dan comentarios. Empieza a ver las mismas tendencias en diferentes personas. E incluso ahora, después de años en el sector, lo admito, todavía puede ser difícil recibir críticas. Pero respiro hondo y me recuerdo: esto es parte del proceso y cómo mejoramos. Porque los comentarios, cuando uno está abierto a ellos, puede convertir un buen diseño en uno excelente. ¿Y si nadie le da comentarios? Se debe preocupar. Pídalo. Será el mejor maestro que tendrá.

APRENDER A CONFIAR EN SU INSTINTO

Cuando empecé en el diseño gráfico, me costaba un poco la inseguridad, como si no lo hubiera dejado claro antes. Quería tener éxito, pero no tenía la experiencia ni la confianza para confiar plenamente en mis instintos creativos. Durante una de mis primeras reuniones semanales con mi jefa, me preguntó cómo me sentía con el trabajo de diseño que estaba haciendo. Le dije con sinceridad: no estaba seguro de si estaba tomando las decisiones correctas; no quería fracasar.

Lo que dijo a continuación me quedó grabado para siempre. Dijo: "Tienes que confiar en tu instinto. Tienes un talento que no mucha gente posee. Sabes instintivamente qué funciona y qué no; solo necesitas creer que lo sabes".

¡Ese fue un momento revelador! A partir de entonces, incorporé en mi ADN creativo la confianza en que las soluciones que se me ocurrían no eran aleatorias, sino que se basaban en el instinto, la experiencia y la pasión.

No tuvo que decir nada durante nuestra reunión. Pero lo hizo, porque era el tipo de líder que veía a las personas, no solo a los empleados. Sus palabras me dieron la oportunidad de creer en mí mismo, y siempre le estaré agradecido por ello. Hemos seguido en contacto a lo largo de los años, y todavía la considero una de las personas más inspiradoras con las que he trabajado.

CUANDO LA OPORTUNIDAD LLAMA, ABRA LA PUERTA

Unos tres años después de mi primer trabajo como diseñador gráfico, recibí una oportunidad que me cambió la vida: trabajar en ESPN en Florida durante la época en que eran dueños de la Bass Anglers Sportsman Society (B.A.S.S.) y ESPN Outdoors. Ya había solicitado trabajo allí y nunca me habían llamado a entrevistas. La experiencia reflejó mis anteriores intentos de entrar en el mundo de la animación: desalentadores y frustrantes. No pude evitar sentir que ser latino y abiertamente gay tenía algo que ver. Mi nombre también es difícil de pronunciar y una vez me dijeron que no me contratarían porque era casi impronunciable. Naturalmente, para mí el proceso de contratación se volvió emocionalmente agotador y profundamente parcial.

Pero entonces, de repente, se abrió el puesto perfecto: era para un puesto de Diseñador Senior. Solicité sin ninguna expectativa. Para entonces, el rechazo se había vuelto algo habitual, casi rutinario. Había llegado a un punto de desapego emocional, así que cuando me llamaron para una entrevista, no me dejé llevar por las expectativas.

Irónicamente, fue entonces cuando finalmente funcionó y me ofrecieron el trabajo.

Nunca olvidaré la entrevista con la vicepresidenta de Marketing. Fue increíblemente honesta, incluso me advirtió que la organización no iba bien financieramente y que podrían venir tiempos difíciles. Eso debería haber sido una señal de alerta, pero lo vi como una puerta de entrada. Sentía que mi puesto anterior me había quedado pequeño, y esta era una oportunidad para desafiarme a mí mismo de maneras que nunca antes.

Cuando llegué a ESPN, el negocio se expandía rápidamente, pero se enfrentaban a un problema importante: la inconsistencia de la marca. Cada torneo tenía su propia identidad visual, y no había cohesión que los vinculara con B.A.S.S. ni con la marca matriz, Bassmaster, así que todo parecía descoordinado.

Un día, mi supervisora me llevó a una reunión y me mostró un conjunto de conceptos creados por una firma externa de branding. Se les había encomendado desarrollar una arquitectura de marca unificada para la serie de torneos Bassmaster. Al revisar su trabajo, sentí una profunda decepción. Los diseños estaban mal pensados, desconectados de la cultura del deporte y, francamente,

ANTES DE LA ACTUALIZACIÓN DE LA MARCA

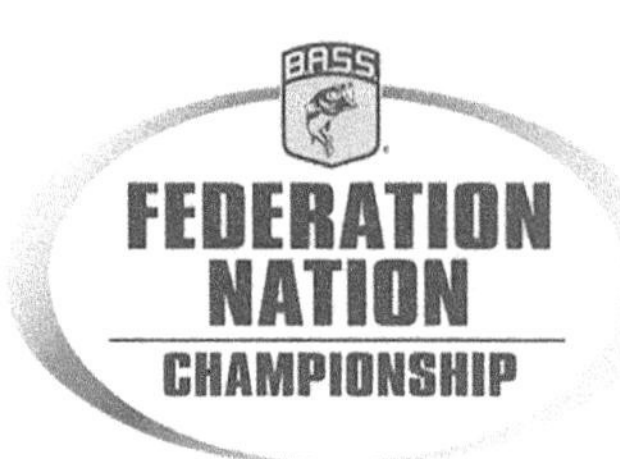

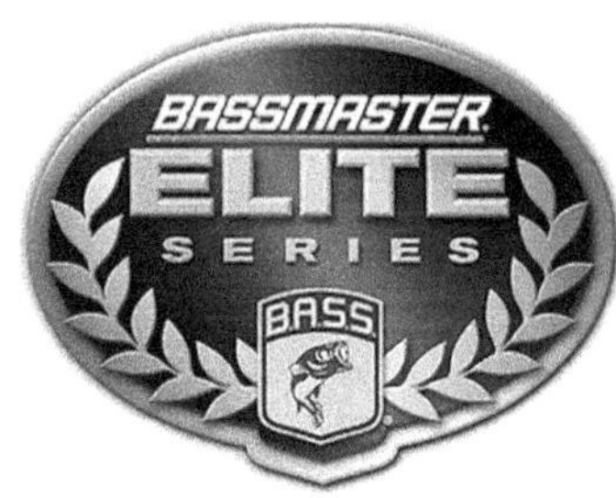

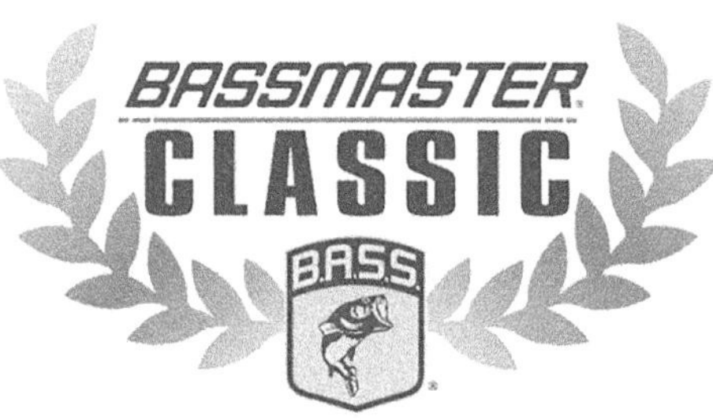

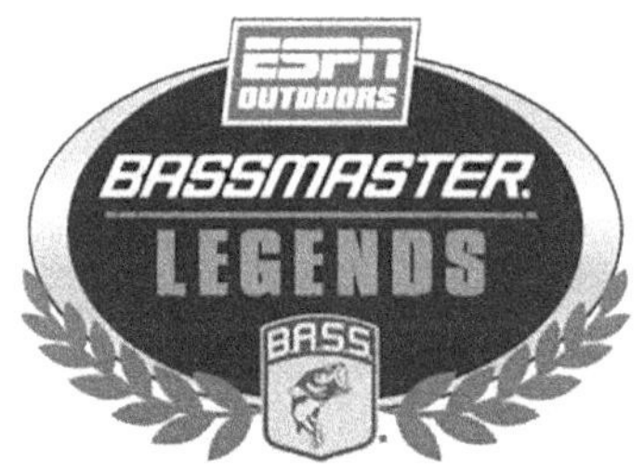

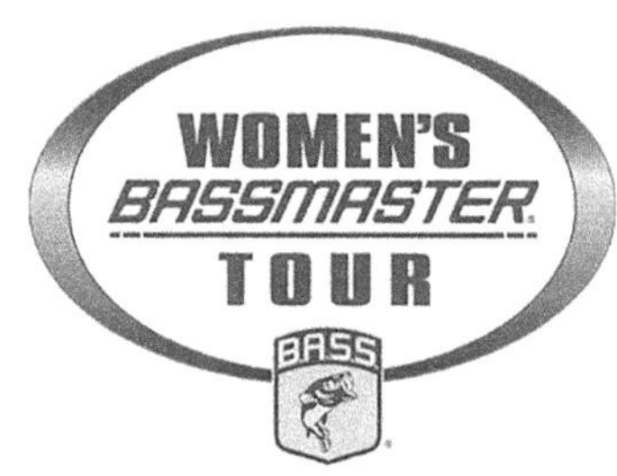

DESPUÉS DE LA ACTUALIZACIÓN DE LA MARCA

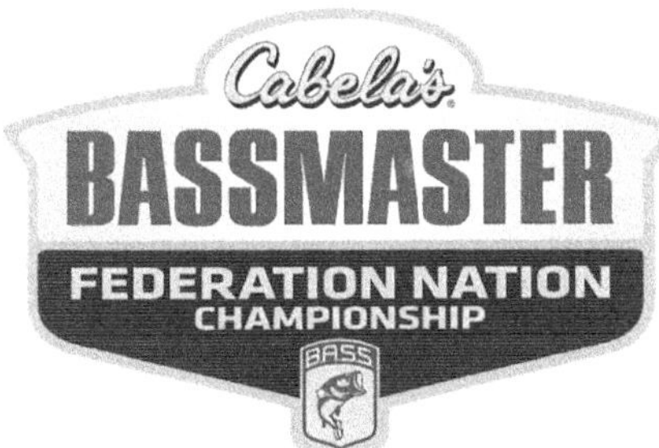

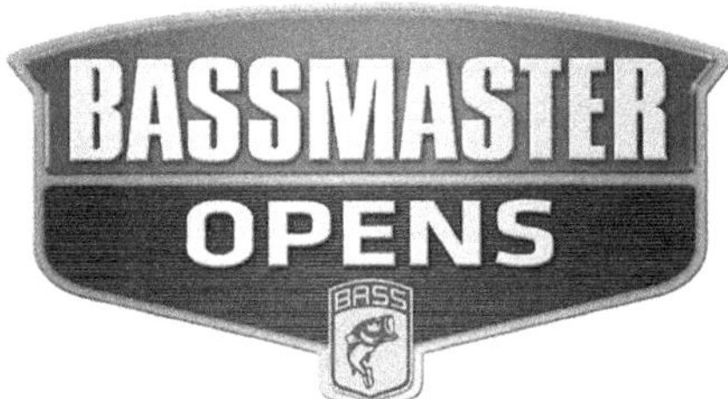

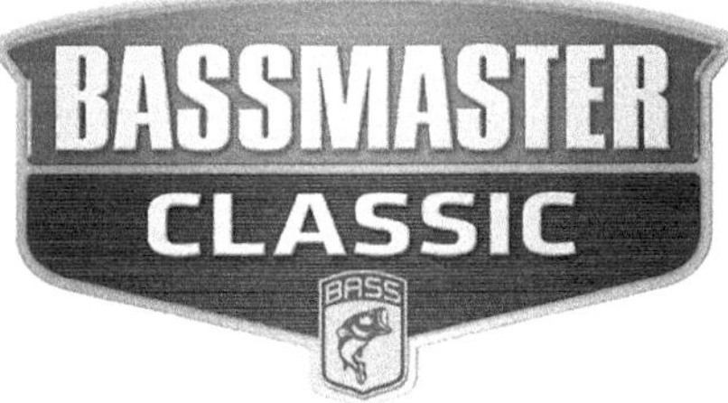

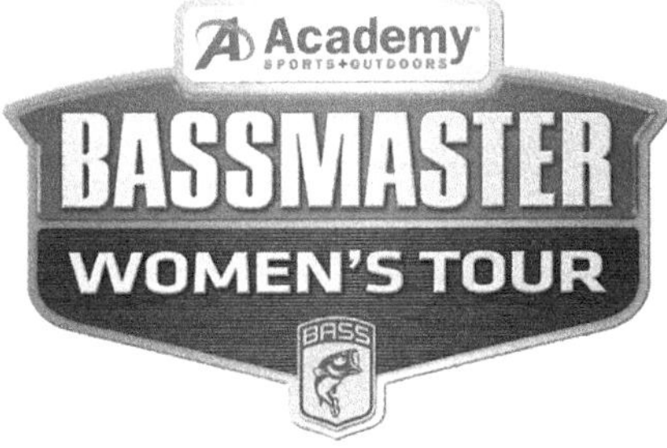

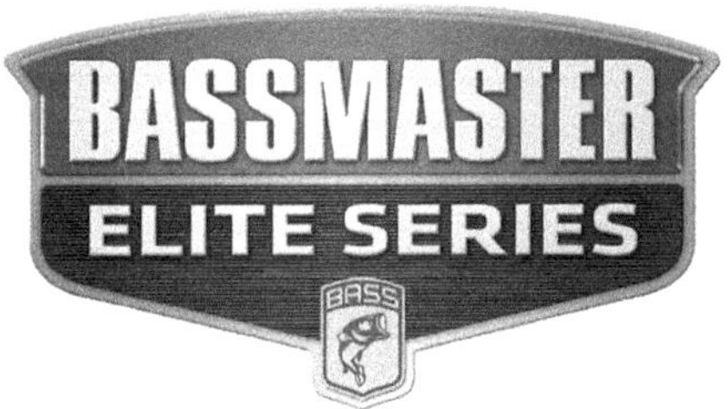

© B.A.S.S.

carecían de inspiración. No entendía por qué la dirección había externalizado una tarea tan importante, sobre todo cuando contábamos con un equipo interno talentoso y ansioso por la oportunidad.

Expresé mis preocupaciones con sinceridad y, tras unos minutos de conversación, pregunté si podía intentarlo yo mismo. Mi supervisora presentó la idea a la directiva y, poco después, me dieron dos semanas para desarrollar conceptos de marca y presentárselos directamente al presidente.

Me sumergí en el trabajo investigando logotipos de coches y barcos, construí mood boards y dibujé sin parar. El mayor reto fue desarrollar un formato de logotipo único y unificado que pudiera representar cinco marcas de torneos muy diferentes. Observé barcos de pesca de lubina y me inspiré en la silueta vista de frente: baja, plana y potente. Esa forma se convirtió en la base del sistema.

Diseñé dos conceptos. Uno imitaba la silueta del logotipo existente de la Serie Élite, y el otro era una forma completamente nueva basada en la silueta de ese barco. Era audaz, moderno y limpio, con zonas diferenciadas que llevaba el nombre del torneo, la marca Bassmaster y el emblema B.A.S.S. Contuve la respiración mientras me preparaba para presentarlo.

Para mi sorpresa y alegría, el presidente y la directiva de ESPN Outdoors eligieron con entusiasmo el concepto en forma de barco. Descartaron por completo el trabajo de la empresa externa y me pidieron que desarrollara un sistema de marca completo basado en mi diseño. Fue uno de los momentos más enriquecedores de mi carrera. Incluso me concedieron un bono especial por ahorrarle a la empresa costos significativos y liderar una iniciativa tan impactante que cambió la dirección de la marca para siempre.

Posteriormente, desarrollé cinco marcas de torneo distintivas utilizando una jerarquía de colores inspirada en los deportes de competición: bronce para los Abiertos, plata para la Serie Élite y oro para el Clásico. La Serie Femenina llevó una paleta de rojo y rosa intensos, y la marca de la Federación Nacional, de base, adoptó un tono gris azulado liso para distinguirla de las demás. Utilicé texturas metálicas y elementos 3D para modernizar la identidad, convirtiéndola en algo dinámico y memorable.

Durante mi tiempo en ESPN, también tuve la oportunidad de dirigir el arte publicitario, incluyendo páginas de revistas y adornos exclusivos de Hallmark.

Colaboré con escritores, fotógrafos y diseñadores de todo el país, una experiencia que me brindó una confianza creativa y una camaradería que nunca antes había conocido.

Entonces, todo cambió. Un año después, nos citaron a una reunión y nos informaron que ESPN había vendido B.A.S.S. a Don Logan y otros dos inversores. Se cerraría por completo la operación de ESPN Outdoors. Nos dieron la opción de mudarnos a Alabama para continuar con B.A.S.S. o separarnos de la empresa. No tenía ningún interés personal en los deportes ni en la pesca, pero había llegado a amar la cultura, el desafío y el increíble equipo. Este fue un momento devastador en mi carrera.

Mudarme a Alabama no era realista para mí. Llevaba más de 15 años bajo el paraguas de Disney y no estaba listo para cambiar de vida. Así que empecé a buscar otras oportunidades dentro de Disney y, afortunadamente, poco después encontré una.

Por casualidad, volví a el credit union de la empresa, donde había trabajado durante mis primeros años viviendo en California. Esta vez, volví como jefe creativo. Fue un momento de cambio de dirección. La institución acababa de completar una fusión y necesitaba desarrollar una nueva identidad de marca. Me lancé de cabeza, diseñando el logotipo, creando la guía de estilo y definiendo el nuevo lenguaje visual. Para entonces, ya tenía más confianza en mis habilidades de diseño y me aferré por completo a esa experiencia.

El departamento se había vuelto más estructurado y corporativo de lo que recordaba. Bajo el liderazgo de un nuevo vicepresidente, era evidente que había entrado en una nueva etapa de mi carrera. Se me confiaron grandes iniciativas de inmediato, incluyendo nuevos sistemas de papelería, campañas publicitarias, un nuevo programa de membresía e incluso el diseño de una sucursal móvil. Con una paleta audaz de rojos y plateados, tenía todo lo que necesitaba para crear algo duradero y resistente.

Lo que empezó con una llamada inesperada para un trabajo que no creía conseguir en ESPN se convirtió en uno de los capítulos más creativos y gratificantes de mi carrera, y la chispa que me condujo a una nueva era de liderazgo en diseño.

LIDERAZGO SIN TÍTULO

Mientras trabajaba en el credit union y progresaba en mi carrera de diseño, empecé a preguntarme cómo sería convertirme en director de arte o director creativo. Quería crecer y desafiarme a mí mismo más allá de los proyectos individuales que me asignaban. A lo largo de los años, se lo comenté a varios mentores y me dieron una opinión sincera: tendría que dejar de lado parte del trabajo práctico de diseño para centrarme en la visión, el liderazgo, los asuntos legales, las reuniones y bastante papeleo. Eso no me parecía atractivo. Y, francamente, no estaba seguro de ser bueno en ello, pero algo me sorprendió de esas conversaciones: me di cuenta de que ya estaba liderando.

Como diseñadores, moldeamos la voz visual de las organizaciones para las que trabajamos. No recibimos instrucciones paso a paso. Usamos nuestra creatividad, instintos y experiencia para construir algo significativo, ya sea una marca, una campaña o una causa social. Eso es liderazgo. No solo ejecutamos ideas, sino que guiamos la forma en que se ven y se experimentan las cosas.

No comprendí esto del todo hasta que trabajé en el relanzamiento de la marca Bassmaster. Ese proyecto cambió por completo la trayectoria de la marca, y lo hice gracias a mi iniciativa y visión, no porque alguien me diera un cargo. Eso es liderazgo en su forma más pura.

Kathy, una de las gerentes más inteligentes con las que he trabajado, me dijo una vez: "No se trata de cargos. Algunas personas con cargos importantes no pueden retener a su equipo porque no saben liderar. No se trata de decirle a la gente qué hacer. Hay personas que hacen voluntariado en todo el mundo sin ningún cargo; son líderes porque toman algo en lo que creen y hacen algo bueno con ello. Es un líder porque toma una idea garabateada en un papel y la convierte en una campaña increíble".

También me animó a seguir haciendo algo que había empezado de forma natural: organizar reuniones mensuales de inspiración creativa. Elegía un tema e invitaba al equipo a aportar trabajo, ideas o reflexiones relacionadas con él. Se convirtió en un espacio donde crecía la confianza, fluían las ideas y florecía la colaboración. Creamos una especie de banco de ideas creativas, y la gente empezó a compartir con más libertad sus propios proyectos gracias a la apertura que creamos. Y ¿adivinen qué pasó? Tomamos prestadas muchas de las ideas que surgieron de esas conversaciones y lluvias de ideas para un trabajo de campaña increíble. Eso también es liderazgo.

EL OTRO LADO DEL LIDERAZGO

A medida que aprendía más sobre liderazgo creativo, me reuní con varios directores de arte y creativos. Les pregunté cómo lograban dejar el trabajo de diseño que tanto amaban. Uno me contó que disfrutaba de la variedad; su día nunca era el mismo. Iba de reuniones a llamadas de clientes y revisiones creativas, y le encantaba el ritmo. Otro, que dirigía su propio estudio de diseño, comentó que, aunque diseñar era su pasión, liderar significaba dejar ir para que otros pudieran brillar.

Fue entonces cuando me di cuenta de que liderar equipos no es para todos, y eso está bien.

Aprendí que, si bien podía liderar, no necesariamente quería el puesto. Pero eso no significaba que no pudiera apoyar a los demás.

En uno de mis puestos, tuve la oportunidad de trabajar con freelancers y becarios. Asigné proyectos, les compartí mis comentarios y ayudé a guiar su desarrollo. Fue un cambio radical: ser quien daba instrucciones en lugar de recibirlas. Siendo sincero, no fue fácil. A menudo quería hacer el trabajo yo mismo. Sabía cómo lo manejaría, sabía que sería más rápido, pero esa no era la tarea. Mi función era apoyarlos y ayudarlos a crecer.

Me llevó tiempo, práctica y paciencia. Tuve que desaprender los hábitos de independencia y aceptar el reto de la mentoría. Dejé de hablar y empecé a preguntar. Compartí conocimientos y ofrecí orientación en lugar de dirigir. Con el tiempo, se volvió más fácil y gratificante.

También aprendí que el liderazgo es más que el trabajo; se trata de comprender a las personas. Cada uno es su propia isla, con sus propias metas, sueños e inseguridades. Parte de ser un buen líder es reconocer quién está listo para qué y ayudar a que los proyectos se ajusten a sus pasiones. Cuanto más me soltaba, más comprendía lo que era el verdadero liderazgo creativo.

Y al hacerlo, vi algo hermoso: la misma confianza que una vez me forjó como diseñador, ahora la estaba transmitiendo a otros.

CÓMO IDENTIFICAR A UN LÍDER TÓXICO (Y LO QUE UNO ME ENSEÑÓ)

Hubo una época en mi carrera en la que disfrutaba de verdad de mi trabajo. Tenía un líder que me apoyaba, una dinámica de equipo sana y un fuerte sentido de propósito creativo. Pero todo cambió cuando mi entonces líder, Juan, decidió traer a alguien nuevo: un antiguo compañero suyo de un trabajo anterior, a quien llamaré Marco.

Desde la primera llamada que tuve con él, Marco me hizo saltar las alarmas. Hablaba mucho de sí mismo. Presumía de sus elogios y se refería a sí mismo como un "diseñador galardonado", aunque le interesaba más el control que la creatividad. Desestimaba todo el trabajo que nuestro equipo había hecho antes de su llegada, a menudo de forma condescendiente y francamente ofensiva. No tardamos en darnos cuenta de que no entendía la realidad de nuestros procesos de diseño ni nuestro presupuesto. Solo quería dejar su huella, un juego de palabras intencionado.

A Marco no le interesaba liderar; solo quería dominar. Su estilo era tosco, agresivo y profundamente inseguro. Menospreciaba ideas, cuestionaba mi profesionalismo, criticaba mi comportamiento e incluso se burlaba de mis valores personales. Su comportamiento creó una atmósfera tóxica que poco a poco fue dividiendo al equipo. No quería colaboración, quería obediencia.

Con el paso de los años, las cosas no mejoraron, sino que empeoraron. En una ocasión, Marco invitó a el equipo a un almuerzo en un restaurante local. Él vivía en California y rara vez visitaba nuestra oficina de Orlando. Llegué temprano al restaurante y esperé en la entrada. Cuando Marco apareció, estaba pegado al teléfono, completamente desconectado de su entorno. Me vio, pero aun así pasó de largo sin mirarme, sin saludarme, sin siquiera asentir. Al principio, supuse que tal vez estuviera lidiando con algo urgente. Pero minutos después, descubrí que no estaba respondiendo correos ni trabajando; estaba jugando a un juego de móvil tonto. Ese juego merecía más su atención que saludar a uno de sus compañeros, alguien que se había tomado el tiempo de llegar temprano y listo para conectar.

Desafortunadamente, este no fue un incidente aislado. Simplemente reforzó un patrón que ya había observado y experimentado: no tenía ningún interés real en forjar relaciones, ningún deseo de liderar con presencia ni respeto. Yo era uno de los creativos de mayor rango de su equipo y, aun así, me sentía invisible. A veces, el liderazgo tóxico no grita. Se encoge de hombros, ignora y hace caso omiso. Eso también deja huella.

A pesar de esto, me quedé, no porque estuviera cómodo, sino porque creía en la misión de la organización, y había trabajado durante demasiados años para dejar que alguien como él me echara. Así que aguanté, y con él el estrés.

Con el tiempo, más de 22 personas dejaron el departamento. Las quejas al departmento de recursos humanos acumularon. Le presentaron denuncias repetidamente. Sus compañeros no lo respetaban; de hecho, muchos se burlaban de él a puerta cerrada. Finalmente, después de nueve largos años, lo despidieron, pero para entonces solo quedábamos tres, y yo era el único que quedaba del equipo original.

Lo que me mantuvo a flote no fue solo mi terquedad, sino el apoyo que recibí de otros líderes de la empresa que sabían por lo que estaba pasando. Y era una simple convicción: nada es para siempre. Me lo repetía a diario.

Aprendí más sobre liderazgo en esos años de lo que jamás imaginé. Porque a veces los peores líderes te muestran, con dolorosa claridad, lo que el liderazgo nunca debería ser. Marco no solo era un mal jefe, sino una historia con moraleja. ¿Y su jefe, Juan, quien permitió que todo esto sucediera? Igual de cómplice, aunque era consciente del problema.

Normalmente, se puede detectar a un líder tóxico con bastante rapidez, si se presta atención. Empieza por cómo le trata desde el momento en que usted entra por la puerta. ¿Son respetuosos? ¿Escuchan? ¿Sus preguntas son reflexivas o despectivas? ¿Parecen interesados en su historia o simplemente revisan su currículum en busca de defectos? Y si tiene oportunidad, observe cómo tratan a su propio personal. El lenguaje corporal y el tono pueden decir mucho, e incluso si las personas no hablan abiertamente, sus ojos a menudo sí lo harán.

Los líderes tóxicos están por todas partes. Son fáciles de detectar, principalmente porque a nadie le gusta trabajar para ellos. Y sí, digo "para ellos", no "con ellos", porque rara vez tratan a los demás como iguales. Acumulan poder, esperan obediencia ciega y a menudo usan la intimidación para mantener el control. Estas personas tienden a ascender gracias a los títulos, no al talento. Confunden el miedo con el respeto.

Aprendí todo esto a las malas.

Pero esperen, hay más. Un día, Marco nos pidió a una compañera del equipo y a mí que revisáramos y reescribiéramos por completo un boletín informativo que nos había enviado una organización externa. También quería que rediseñáramos el trabajo y le diéramos un aspecto más fresco y pulido. En aquel momento, no teníamos ni idea de por qué nos lo pedía; era algo inesperado y diferente a todo lo que nos habían pedido antes. Aun así, lo dejamos todo, lo priorizamos y nos dedicamos a hacerlo bien. En un momento dado, mi compañera preguntó para qué se usaría el material. Marco respondió con indiferencia que pensaba compartirlo con la organización como un favor, para darles ideas sobre cómo podrían mejorar su boletín.

Completamos el proyecto y entregamos el documento final. No nos dio las gracias ni reconoció nuestro esfuerzo. Más tarde, descubrimos el verdadero motivo del encargo: había presentado el boletín reescrito y rediseñado como trabajo propio a la organización, utilizándolo para posicionarse como un líder de opinión y, finalmente, conseguir un puesto de asesor. No sólo nos dejaron fuera del crédito: nos utilizaron.

CÓMO ES EL VERDADERO LIDERAZGO

A modo de contraste, permítanme hablarles de una líder reciente con el que tuve la suerte de trabajar. No llevaba mucho tiempo en esta nueva área de la empresa, pero ya había contribuido significativamente al trabajo que estaba ayudando a expandir la marca. Cuando llegó el momento de compartir nuestro progreso en una asamblea general, ocurrió algo inesperado: en lugar de que mi vicepresidenta acaparara la atención o diera la presentación ella misma, como harían muchos líderes, me pidió que presentara el trabajo. Dijo que era importante que yo lo compartiera, porque había participado directamente en su realización. No tenía por qué hacerlo. Podría haber presentado el trabajo, hablado extensamente sobre el equipo y seguir pareciendo una líder sólida. Pero creía en impulsar a quienes la rodeaban. Creía en reconocer el mérito a quien corresponde. Así es el verdadero liderazgo.

Los verdaderos líderes no acumulan aplausos, los comparten. No silencian ni eclipsan a sus equipos, los amplifican. Le protegen cuando importa, le desafían cuando importa y, sobre todo, lideran con empatía.

La diferencia entre un buen líder y uno tóxico puede

moldear no solo su carrera, sino también su autoestima. Lo sé, porque he vivido ambas experiencias.

Así que, si alguna vez se encuentra en una sala con alguien que piensa que el liderazgo se trata de gritar, menospreciar o manipular, haga un favor: salga de esa sala porque se merece algo mejor, todos lo merecemos.

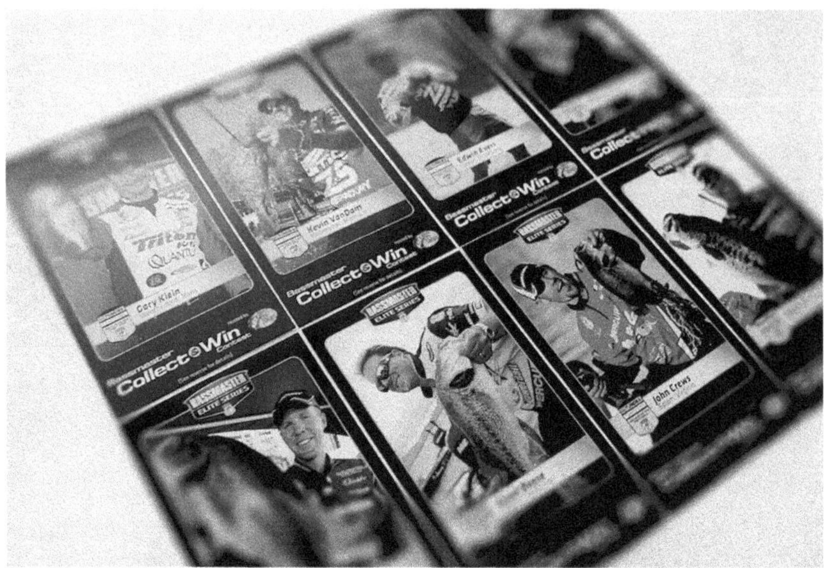

Juego de cartas coleccionables pescadores del Bassmaster Serie Élite, 2010
©B.A.S.S.

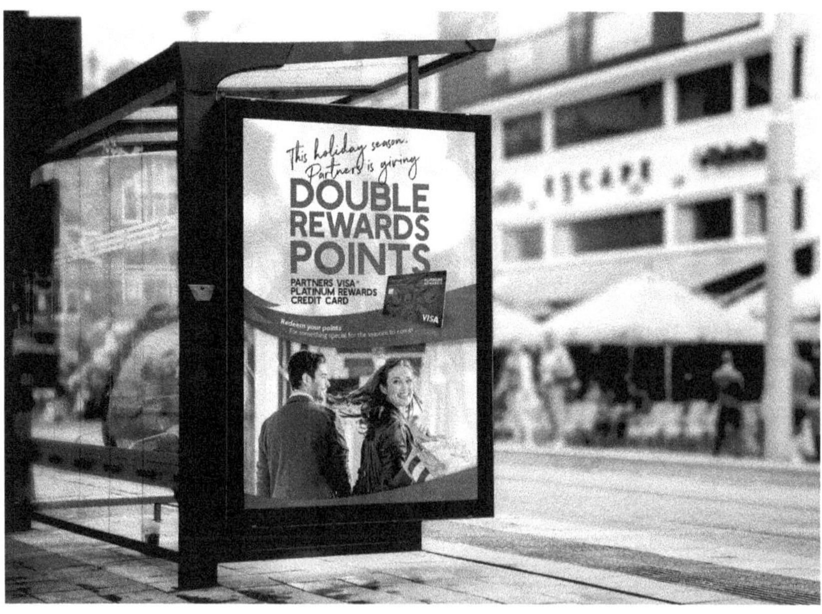

Partners Federal Credit Union, Oferta de tarjeta de crédito con recompensas dobles, 2018 ©Disney

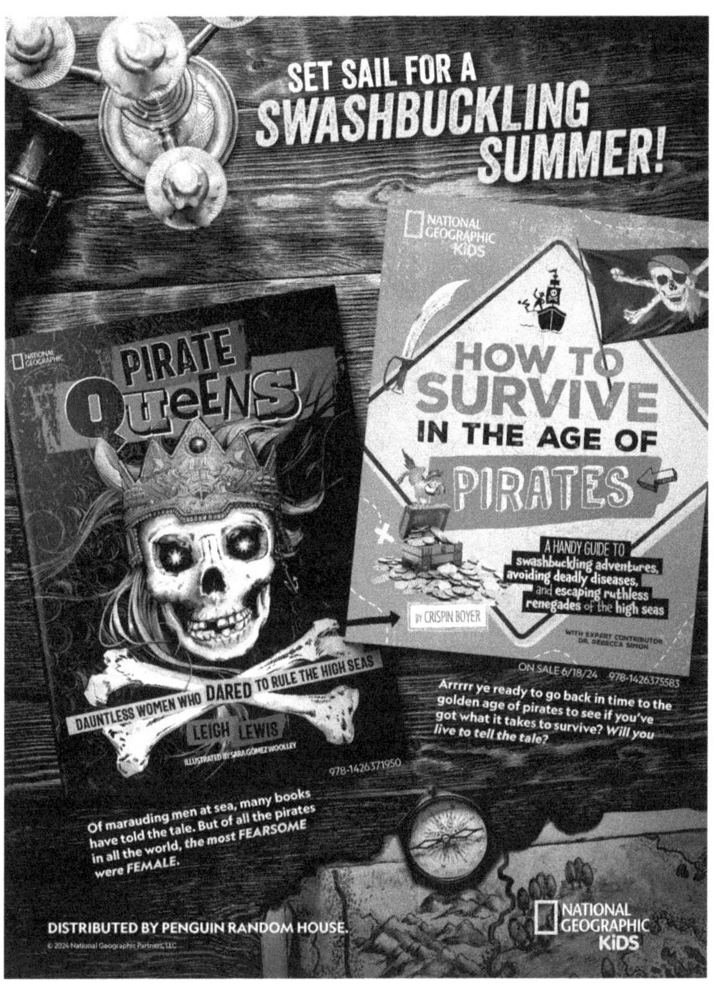

National Geographic Kids, publicidad impresa de libros sobre piratas, 2024 ©National Geographic Kids

¿DE DÓNDE SURGEN LAS IDEAS CREATIVAS?

Me han hecho esta pregunta y la he considerado muchas veces. Ojalá tuviera la respuesta perfecta. Pero la verdad es que no lo sé.

Lo que sí sé es que la creatividad está conectada con todo a lo que se expone en la vida: sus experiencias, sus recuerdos y su subconsciente. Cuando era un diseñador joven, nuevo en el campo, generar ideas era mucho más difícil que ahora. Con el tiempo y la experiencia, las ideas no solo aparecen más rápido, sino que se sienten más completas, más intuitivas.

Creo que cualquiera que busque una vida creativa debería explorar el mundo. Sumérgese en él. Explore el arte, la cultura, la música y la historia. Visite galerías, museos, el cine, obras de teatro, óperas, ballets. Lea. Observe. Escuche. Déjese llevar. Nunca sabria qué podría conmoverse o despertar algo profundo en su interior.

Para mí, todo empezó con la música. A mis padres les encantaba la música clásica y crecí escuchándola constantemente. En lugar de ver la televisión, mi madre ponía discos instrumentales. Esa temprana exposición me dio el don de la imaginación; recuerdo componer movimientos sinfónicos completos mentalmente de niño. Incluso hoy, trabajo con la música de compositores contemporáneos como Jóhann Jóhannsson, James Newton Howard o Mason Bates. Esa música se convierte en una especie de combustible para mi creatividad.

El arte también me ha marcado profundamente. Cuando estudiaba historia del arte en la universidad, conocí las obras de Van Gogh. Entendía el concepto de ritmo visual, pero no lo percibí hasta que vi su cuadro "*La Morera*" en el Museo Norton Simon de Pasadena. Me impactó como un rayo. Las hojas parecían mecerse con la brisa. La pintura, espesa y arremolinada, parecía fresca y viva. Empecé a temblar y lloré en silencio para que nadie se diera cuenta. Nunca me había conmovido tanto una pintura. Y hasta el día de hoy, cuando estoy en Pasadena, visito "*La Morera*", solo para volver a sentirla.

Más recientemente, esa misma magia me sucedió al ver *Madama Butterfly* de Puccini en PBS. Crecí escuchando ópera en el fondo, así que reconocí la música al instante. Empecé a ver la función y me sumergí por completo en la historia, el vestuario, la música, el talento increíble y la simplicidad y creatividad de la escenografía. Durante el acto final, mientras Cio-Cio-San se quitaba la vida, me encontré llorando. No estaba siendo dramático, fue instintivo, como respirar. La función me conmovió profundamente, y rara vez lloro por algo en pantalla.

Ese es el poder del arte. Ese es el tipo de impacto que espero generar a través de mi propio trabajo, ya sea un diseño, una pintura, un texto o una publicación en redes sociales. Sé que es difícil generar ese nivel de emoción a través de un anuncio de marketing, pero creo que es posible conmover a la gente de maneras pequeñas y significativas. Porque si una pintura o un aria pueden llegar al alma, ¿por qué no su obra?

Cuando soy mentor, siempre pido que me muestren una obra de arte que les encante. Puede ser cualquier cosa: una escultura, una foto o un póster. Les pregunto por qué les encanta y qué les hace sentir. Sus respuestas siempre son sorprendentes y profundamente personales. Para algunos, es un brazalete egipcio de oro con forma de serpiente de dos mil años de antigüedad. Para otros, es la pintura de un barco en el mar, obra de un artista anónimo. Lo que nos inspira se forma a partir de todo aquello a lo que hemos estado expuestos, especialmente de aquello que nos ha hecho sentir algo.

Para mí, la creatividad se construye a partir de esa colección de momentos personales. Una especie de biblioteca mental. La considero mi repertorio de trucos: un espacio lleno de historias, colores, sonidos, técnicas, recuerdos, texturas e instintos que utilizo cada vez que me siento a crear algo.

Y luego está el subconsciente.

Cuando recibo un nuevo trabajo de diseño, rara vez me lanzo de lleno. Lo leo con atención, lo asimilo y luego me marcho. Lo dejo respirar. Lo pienso con la almohada. Y casi siempre, a la mañana siguiente, la solución ya ha tomado forma. Me despierto y la idea está ahí, completamente formada, como un regalo esperando a ser desempaquetado. A veces todavía necesito hacerme algunas preguntas más para llenar los vacíos, pero la base ya está construida silenciosamente en el fondo de mi mente. Cuanta más experiencia se tiene, más fácil se vuelve dar forma a las soluciones visuales incluso antes de sentarse en el escritorio. Suelo decir: "El trabajo está hecho en mi cabeza, solo necesito dejarlo salir". No sé exactamente cómo explicar eso. Quizás sea simplemente cómo procesa la información nuestro cerebro. O quizás sea algo más. Lo llamo subconsciente porque es la palabra que tiene más sentido. Pero quizás … sea magia.

NO ES UN FRAUDE, SOLO ESTÁ CRECIENDO

"He escrito once libros, pero cada vez que los escribo pienso: 'Oh, oh, ahora me descubrirán".
— Maya Angelou

"¿Cuándo descubrirán que soy un impostor?". Ese pensamiento me asaltó el día que conseguí mi primer trabajo de diseño. Cuando me contrataron para mi primer trabajo de diseño gráfico, tuve un pensamiento aterrador: el síndrome del impostor. Me golpeó fuerte. Me dije: "Se equivocaron. En realidad no estoy calificado. Probablemente me vendí demasiado en la entrevista". Incluso consideré llamar para decirles que no era el candidato adecuado antes del primer día. Pero no lo hice.

Llegué el primer día: nervioso, agradecido y lleno de dudas. El primer proyecto en el que trabajé me convenció de que me despedirían inmediatamente. Pero no sucedió, así que seguí adelante. Poco a poco, con cada tarea, empecé a darme cuenta de que podía lograrlo. El miedo se calmó. Las habilidades que tenía no eran imaginarias, eran reales.

Todavía recuerdo haber pensado: "Esto es realmente fácil. Puedo hacerlo con los ojos cerrados". Y así, sin más, mi confianza empezó a afianzarse. Pero la verdad es esta: a veces sigo sintiendo el síndrome del impostor. Incluso después de años en el sector. Incluso después de grandes victorias. Incluso después de recibir elogios y ascensos. Eso es lo que nadie le dice: el síndrome del impostor no siempre desaparece; simplemente cambia de forma.

He aprendido que la inseguridad es parte natural del ser humano. De hecho, si alguien le dice que tiene una confianza absoluta todo el tiempo, probablemente esté fingiendo. La duda demuestra que le importa y que está comprometido con un trabajo significativo. Lo que importa es lo que hace con esa duda. Dejé que la mía me impulsara a seguir creciendo, aprendiendo y dando la talla.

Si se siente como un fraude, respire hondo. No está fingiendo, solo está aprendiendo a creer en si mismo.

ENCONTRANDO DÓNDE PERTENECE

Todos queremos sentirnos parte de algo. Bueno, casi todos. Ese sentimiento de pertenencia, no solo estar presente, sino ser visto y valorado, es discretamente poderoso.

Una vez trabajé con un colega increíblemente talentoso y experimentado. A menudo compartía ideas con él porque conocía a la perfección el negocio. Pero para él, el trabajo no era una pasión, era simplemente trabajo. Su objetivo era mantener a su familia. No le importaba la dinámica de equipo ni formar parte de algo más grande. Era el clásico lobo solitario: hacía un gran trabajo y luego desaparecía para ir a pescar a la hora del almuerzo. Y eso le bastaba, y no hay nada de malo en ello.

Para mí, fue diferente. Siempre he sentido una motivación más profunda. Necesito resolver problemas creativos. Cuando no estoy diseñando, me duele la cabeza. De verdad que amo lo que hago. Y aunque nunca he necesitado ser el centro de atención, siempre he anhelado pertenecer. En la escuela, no conectaba con los grupos sociales típicos. Veía a mis compañeros jugar al fútbol y me preguntaba por qué no me atraían las mismas cosas. Más tarde, en la universidad, me sentí como un forastero hasta que conseguí el papel en *¡Hello, Dolly!* Ese momento de inclusión, el simple hecho de ser elegido, despertó algo dentro de mí. Por fin formaba parte de algo, y se sentía increíble: pertenecía.

He conservado ese anhelo hasta la edad adulta. Cuando trabajaba en animación, a menudo me sentía como si estuviera fuera de la ventana mirando hacia adentro, viendo a los chicos geniales haciendo todo el trabajo divertido, sin sentirme completamente invitado. Aunque hacía trabajos relacionados con la animación, no sentía que pertenecía. Esa mentalidad de "el forastero mirando hacia adentro" se convirtió en un complejo silencioso y doloroso.

Pero en retrospectiva, esa sensación de ser un extraño puede haber sido un regalo. Porque me impulsó hacia algo mejor.

Cuando empecé a estudiar diseño gráfico en línea, me dediqué por completo. Después del trabajo, estudiaba obsesivamente. Practicaba, experimentaba y desarrollaba mis habilidades poco a poco. Más tarde, mientras trabajaba en mi primer trabajo de diseño gráfico, pude completar mi título en Bellas Artes gracias al programa de reembolso de estudios de la empresa. Fue un proceso lento, pero notaba el cambio: estaba mejorando y lo sabía.

Entonces llegó mi primera conferencia de Adobe MAX. Estaba rodeado de gente como yo: gente que hablaba el mismo lenguaje visual, que entendía el proceso creativo y que tenía ganas de aprender, construir y evolucionar. Por primera vez, no me sentí como un extraño. Pertenecía a algo más grande que yo mismo.

Encontré a mi gente. Y con eso llegó una verdad más profunda: no solo podía pertenecer, sino que también podía liderar, influir y ayudar a otros a encontrar su lugar.

A veces encuentra su lugar no encajando, sino creando el espacio donde finalmente se siente reconocido.

REDEFINIENDO EL ÉXITO

El éxito es personal; no siempre se traduce en un ascenso, un trofeo o un título. A veces, se manifiesta como paz, como satisfacción, como finalmente ser visto y valorado por quién es y por lo que aporta.

Cuando dejé ESPN, ya sentía que había alcanzado una versión del éxito. Tenía confianza en mis habilidades, un salario justo y un compromiso creativo. Incluso después de muchos años diseñando campañas similares, cada proyecto seguía siendo novedoso y eso me importaba. Ese era mi barómetro personal del éxito: seguir creciendo, seguir desafiándome y seguir apasionado por el trabajo.

Más adelante en mi carrera, apliqué a un puesto en el área editorial de la empresa, una posición que casi nunca se abría en mi región. Siempre había admirado esa parte de la organización, pero nunca pensé que estuviera a mi alcance. Con sigilo y esperanza, presenté mi solicitud, perfeccioné mi currículum de diseñador y esperé. Para mi sorpresa, conseguí una entrevista.

Alex, el gerente del departamento, ya había visto mi portafolio y conocía mi trabajo. De hecho, recordaba específicamente una campaña que había creado para el Mes de la Herencia Hispana, en la que me había ofrecido como voluntario y en la que me había entregado con todo mi corazón. Ese proyecto se le quedó grabado. Incluso leyó el caso práctico que escribí al respecto en mi sitio web delaespriella.com.

En el momento en que me di cuenta de que realmente había visto mi trabajo, y me había visto a mí, algo cambió. Tuvimos una conversación fantástica durante más de una hora. Ambos éramos artistas y nuestros valores creativos coincidían. No fue una entrevista más; se sintió como una conexión genuina. Después de unas cuantas rondas más y de esperar … me ofrecieron el trabajo.

Nunca olvidaré cómo me sentí cuando recibí esa llamada. No fue solo alivio, sino validación. Una vez más, no llegué allí porque "conociera a alguien". Llegué allí gracias a mi talento, mi perseverancia y el trabajo que había dedicado durante décadas. Me contrataron no a pesar de mi experiencia, sino gracias a ella.

En mi nuevo puesto, confiaban en mí, me respetaban y me desafiaban creativamente. Una vez más, sentí que pertenecía, no solo como diseñador, sino como persona.

Más tarde ese año, durante mi evaluación de desempeño

anual, Alex, un creativo experimentado, me dijo algo que recordaré para siempre. Dijo que mi trabajo había elevado la producción creativa del equipo de maneras nunca antes vistas. Que había contribuido a dar forma a la marca de forma duradera y significativa, y que otros me admiraban a mí y a mi trabajo como inspiración.

No ando por ahí pensando "soy exitoso" todos los días. Pero en ese momento, lo fui. Y eso fue suficiente.

REFLEXIONANDO SOBRE EL ÉXITO

El éxito no es universal. No se trata de la velocidad con la que uno asciende, sino de cuán profundamente se siente alineado, valorado e inspirado. Ese es el tipo de éxito que perdura.

MENTORÍA

Tuve mi primera experiencia real con la mentoría más adelante en mi carrera, cuando solicité ser mentorizado por un grupo de recursos para empleados en el trabajo. Nunca antes había recibido mentoría formal y pensé que podría ser una gran oportunidad para aprender más sobre mí mismo. No tenía nada que perder, salvo el tiempo invertido, y resultó ser una de las experiencias profesionales más reveladoras que he tenido.

El programa me emparejó con un líder en el mismo campo del diseño y creatividad. En el evento de lanzamiento, nos explicaron el programa y nos presentaron a nuestros mentores y mentorizados. Me asignaron a Brian y conectamos al instante. Era el editor creativo jefe de una revista interna de la empresa y la persona ideal para guiarme durante el programa. Durante los meses siguientes, nos reunimos en su oficina o en la mía y mantuvimos conversaciones muy emotivas sobre crecimiento, liderazgo y cómo afrontar dinámicas laborales difíciles.

Bryan me ayudó a gestionar mis dificultades personales en el trabajo. No me edulcoró nada, pero me escuchó, me hizo las preguntas adecuadas y me ofreció comentarios reflexivos y estimulantes que me impulsaron a crecer.

Una de las lecciones más importantes que aprendí fue esta: no puedes controlar a los demás, pero sí puedes controlar tu comportamiento. Aprendí a soltarme un poco, a dejar de aferrarme tanto al estrés y a confiar en que la profesionalidad y la estabilidad emocional me ayudarían a salir adelante.

Brian también me recordó que no era la única voz en la sala. Como diseñadores, trabajamos con mucha gente; nuestra capacidad de escuchar, colaborar e incluir a los demás es tan importante como nuestra visión creativa.

La experiencia de mentoría no solo me ayudó a crecer profesionalmente, sino que también dio lugar a una amistad significativa que atesoro profundamente. Si alguna vez tiene la oportunidad de participar en un programa de mentoría, no la deje pasar. El trabajo que haga ahora en si mismo puede moldear su futuro de maneras que aún no imagina.

Años después, sentí que era hora de retribuir. A medida que el mundo comenzaba a recuperarse de la pandemia, solicité ser mentor a través de la sección de Nueva York del Instituto Americano de Artes Gráficas (AIGA), y me aceptaron. Eso, de por sí, fue emocionante.

Me asignaron a Jan, una joven diseñadora talentosa de Brooklyn. El programa fue sencillo, pero la conexión que forjamos fue todo menos común. Jan buscaba crecer como diseñadora, expandir su creatividad y mejorar sus habilidades creativas con las aplicaciones de diseño, y vi esto como la oportunidad perfecta para ayudarla a cultivar su voz mientras seguía desarrollando mi propia comprensión de la mentoría.

Desde el principio, le hice muchas preguntas a Jan, no solo sobre su trabajo, sino sobre qué la inspiraba, por qué se sentía atraída por ciertas imágenes y cómo se veía crecer. Se puede aprender mucho de un diseñador a partir de lo que encuentra inspirador.

Tenía un ojo brillante, un sólido conocimiento de los fundamentos del diseño y una curiosidad que me recordó a mí mismo en esa etapa. Compartió su trabajo reciente y conversamos sobre los desafíos que enfrentaba, especialmente al usar programas complejos como Adobe Photoshop. Se notaba que el aspecto técnico la abrumaba.

Para ayudarla, compartí algunos de mis proyectos personales recientes y los desglosé paso a paso. Le expliqué mi proceso creativo como un rompecabezas: cada decisión llevaba a la siguiente. Esto hizo que el camino fuera más accesible y el aprendizaje más enriquecedor.

Aunque el programa oficial duró solo seis meses, seguimos reuniéndonos trimestralmente. Nuestra relación se ha convertido en un diálogo continuo de apoyo, comprensión y crecimiento compartido. Su trabajo de diseño ha mejorado significativamente y, lo que es más importante, puedo decir cuánto valora el tiempo que pasamos juntos.

Ahora he sido mentor en dos programas de mentoría de AIGA y en muchos más a lo largo de mi trayectoria laboral. Otra faceta más del diseño que ha sido gratificante en mi vida.

UN PASO PARA DEJAR UN LEGADO

La mentoría es una de las maneras más poderosas de contribuir y crecer. Ya sea aprendiz o mentor, es una oportunidad para explorar el pensamiento creativo, profundizar en el autoconocimiento y perfeccionar su capacidad de comunicación y colaboración. No se trata solo de enseñar, sino de escuchar, reflexionar y evolucionar juntos.

¿QUÉ SIGUE?

A menudo me pregunto qué viene después del horario de 9 a 5. La respuesta es clara: seguiré creando.

A medida que me acerco a la jubilación, he estado explorando nuevas oportunidades que me permitan mantenerme arraigado al arte y al diseño. Escribir, retador, gratificante y profundamente creativo, seguirá siendo, sin duda, parte de mi trayectoria. También he empezado a experimentar con el diseño de patrones, especialmente en accesorios de moda como bufandas de seda y pañuelos de bolsillo. La moda sigue despertando mi imaginación, así que le estoy dando una oportunidad a ese "¿y si ...?". Cada vez que empiezo a esbozar ideas, siento una emoción familiar, la misma que me ha guiado a lo largo de esta carrera.

Una pasión sobre la que no he escrito mucho en este libro es la pintura. Como ya expliqué antes, la descubrí a principios de la década de 2000 y fue como abrir una ventana después de años cerrada. Trabajar con óleos, en particular, me dio una nueva sensación de libertad. En el próximo capítulo de mi vida, planeo tomarme la pintura más en serio, quizás incluso crear una nueva obra en torno a ella.

Pero sobre todo, quiero seguir aprendiendo y viajando. El mundo tiene muchísimo que enseñarme, a través de diferentes culturas, nuevas perspectivas y formas inesperadas de crear arte. Estoy deseando ver qué descubriré a continuación. Y sé, en el fondo, que el camino creativo que he recorrido durante décadas está lejos de terminar.

Y sí, seguiré asesorando, animando a otros y retribuyendo a la comunidad creativa que tanto me dio. La alegría de retribuir siempre será parte de mi trabajo.

ESTUDIO - CELEBRACIÓN DEL MES DE LA HERENCIA HISPANA

¿Cómo definiría la rica y diversa cultura de los hispanos en todo el mundo en una única representación visual inclusiva?

Ese fue el reto que se me planteó cuando, tan solo unos meses antes, fui honrado como artista latino de Disney con una oportunidad única: liderar la dirección creativa de la celebración a nivel empresarial del Mes de la Herencia Hispana Latina de The Walt Disney Company en 2021.

Cuando me uní a las conversaciones iniciales sobre la campaña, ya se habían propuesto algunas ideas de diseño: banderas de diferentes países, azulejos decorativos inspirados en motivos regionales y una paleta de colores apagados que, si bien de buen gusto, no reflejaba del todo la vitalidad de nuestra cultura. Estos conceptos tenían su mérito, pero se sentían demasiado seguros, demasiado esperados. No captaban la esencia de quienes somos. Somos más que patrones y símbolos: somos audaces, expresivos y llenos de color. Estamos orgullosos. Somos ruidosos. Y merecemos que nos vean así.

Fue durante un fin de semana típico en casa a

mediados de julio, haciendo tareas domésticas, dejando vagar mi mente, que las ideas comenzaron a cristalizar. Pensé en mi infancia en Panamá, repasando recuerdos en mi mente para ver dónde podía surgir la inspiración. Contacté a varios amigos y colegas latinos y les pedí que compartieran historias de su crianza. Las conversaciones revelaron una hermosa verdad: sin importar dónde crecimos, todos compartimos una profunda conexión con nuestra tierra: sus aromas, sonidos y vibrante belleza natural.

Lo que más sobresalía de mis recuerdos eran los momentos en la naturaleza: ir a la playa con mi familia o caminar cerca del Río Piedra en Colón, cerca de donde nací. Recordaba los inconfundibles cantos de las guacamayas y muchas otras aves que resonaban en el aire como anunciando su presencia: "Aquí estamos, mírenme". Sus deslumbrantes plumas, con brillantes gradientes de color bajo la luz del sol, parecían una metáfora perfecta de nuestra comunidad: audaz, variada, inolvidable. Y resultó que muchos de mis amigos tenían recuerdos similares de aves, plantas y paisajes nativos que dejaron una impresión duradera.

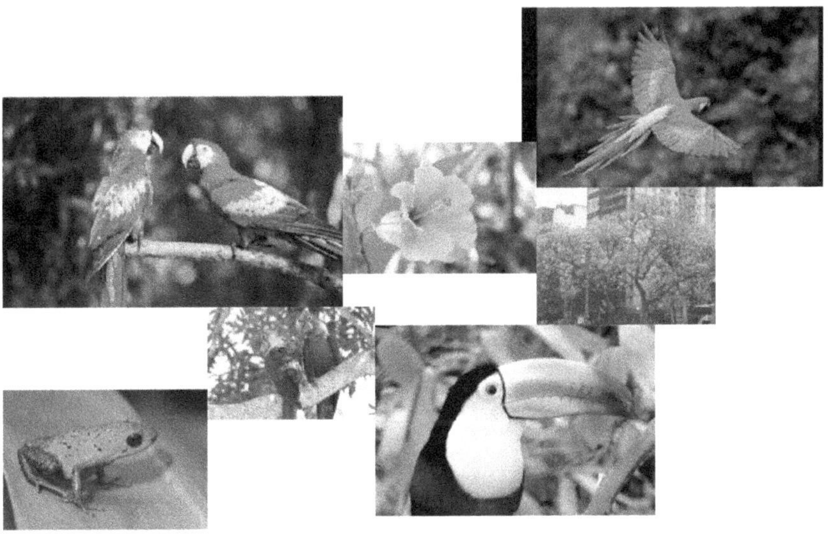

Flora y fauna presente en toda América Latina.

Historia del Color

El color puede expresar individualidad: puede reflejar el estado de ánimo de una persona o la esencia de una historia. En la narrativa de Disney, el color juega un papel fundamental. Cada escena de una película está cuidadosamente elaborada con un guion de color que ayuda a comunicar el estado emocional de los personajes, a menudo reflejado en el entorno, desde el fondo hasta el vestuario y la iluminación que inunda el espacio. Al reflexionar sobre cómo usamos el color en la narrativa visual, comencé a verlo no solo como un elemento decorativo, sino como una señal emocional: una forma de enfatizar ideas, transmitir actitudes y realzar los temas subyacentes que dan esencia a una narrativa.

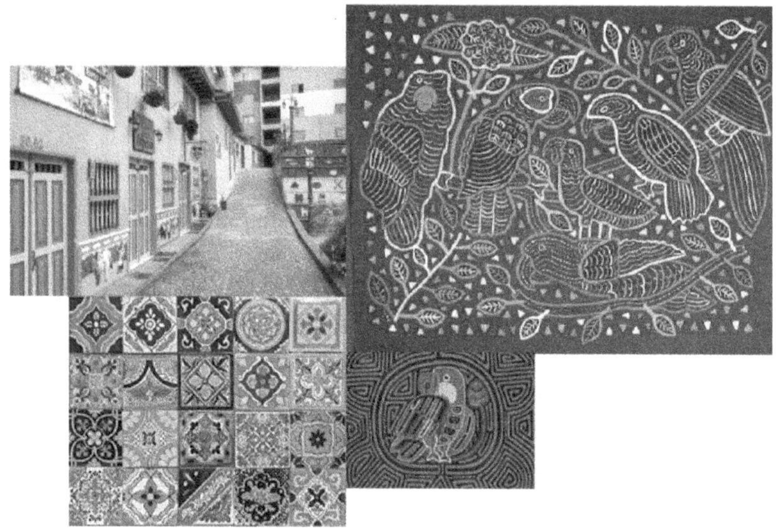

Guatapé, Colombia; diseños de molas de los Kuna Yala, Panamá; diseños de azulejos españoles y portugueses.

Entonces comencé a conectar el color con mi cultura. En Latinoamérica, pintamos nuestras casas con colores brillantes y alegres; nos vestimos de la misma manera, con estampados llamativos y telas vibrantes, y hablamos con más volumen y energía que la mayoría, quizás para igualar la intensidad del sol tropical. En nuestros numerosos países y tradiciones, el color se venera, no solo como algo visual, sino como algo profundamente emocional y simbólico. Lo vemos en el folclore y en los elaborados vestidos como las polleras de Panamá, en las casas pintadas con colores vivos de Guatapé, Colombia, en los intrincados azulejos de España y Portugal, y en cómo la cultura mexicana celebra la muerte no con oscuridad, sino con vitalidad, honrando la vida con color y espíritu. Nuestras culturas celebran el color todos los días: en nuestra ropa, en cómo decoramos nuestros espacios y en la calidez y generosidad que nos brindamos mutuamente a través de cada tono de nuestras vidas.

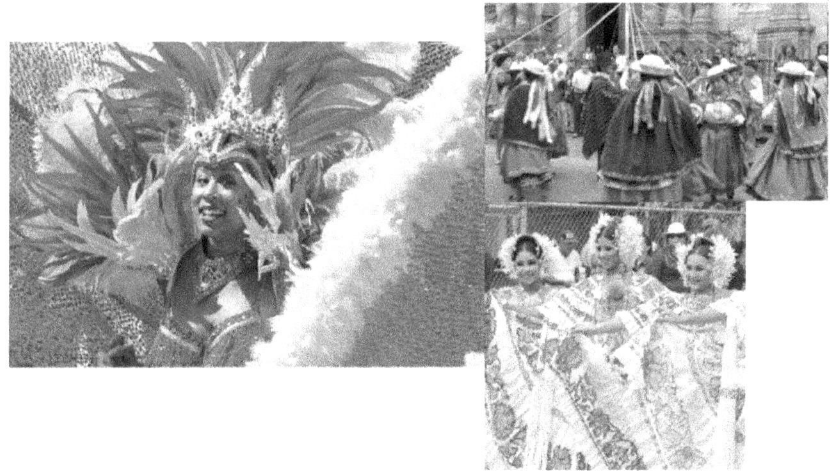

El uso del color domina el hermoso folclore de la cultura latino hispana como se ve en estos ejemplos.

Quedó claro que el color sería la base para representar nuestra rica herencia. Y qué mejor manera de expresarlo que rindiendo homenaje a las guacamayas: el brillante gradiente de colores que lucen en sus plumas es un símbolo natural de quiénes somos. Pero las guacamayas son mucho más que su belleza. Al igual que nosotros, la mayoría de las guacamayas se aparean de por vida. Comparten su alimento con sus parejas, se acicalan y cuidan mutuamente, y son conocidas por ser criaturas inteligentes y profundamente sociables. Sus plumas faciales amarillas, únicas en cada ave, son tan distintivas como nuestras huellas digitales: un sutil recordatorio de nuestra individualidad dentro de una cultura compartida.

Hay algo casi mágico que ocurre al examinar de cerca las plumas de una guacamaya. Ninguna pluma tiene un solo color. En cambio, cada una lleva capas que se fusionan en armonía, como un coro de voces unidas que forman algo más poderoso y hermoso que cualquier nota por sí sola. Con esa inspiración, creé el diseño del Mes de la Herencia Latino Hispana de Disney Enterprise. Es una historia contada desde el corazón a cada persona de la empresa y más allá. No es solo una celebración de nuestra cultura; es un reflejo de nuestros sacrificios, nuestras luchas, nuestro amor por la familia y la comunidad, y sobre todo, nuestra celebración compartida de la vida.

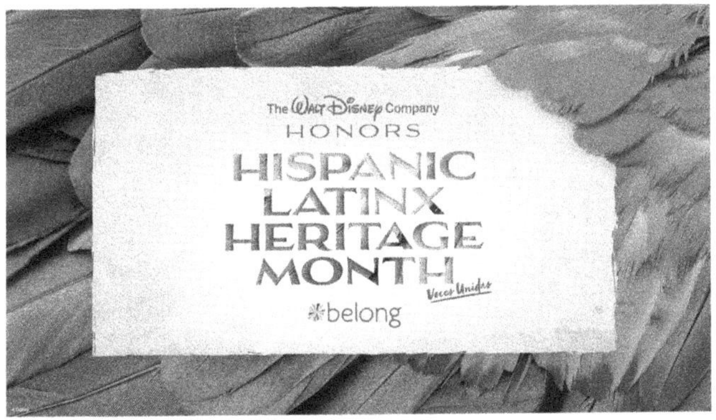

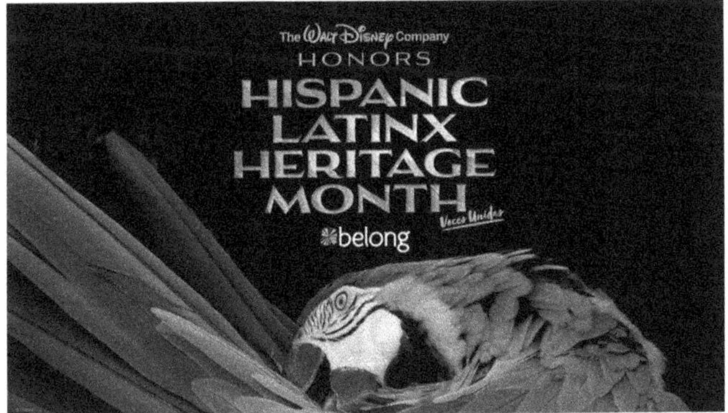

Creativo Principal ©Disney

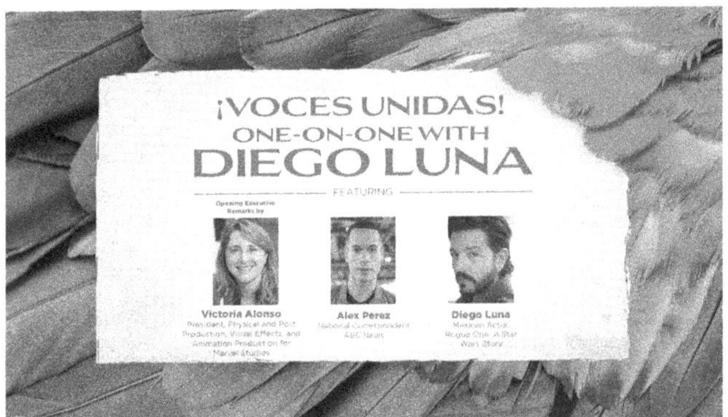

Creativo de Eventos ©Disney

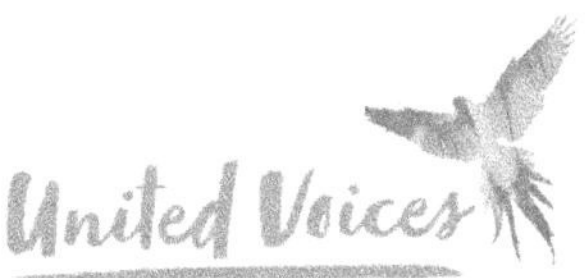

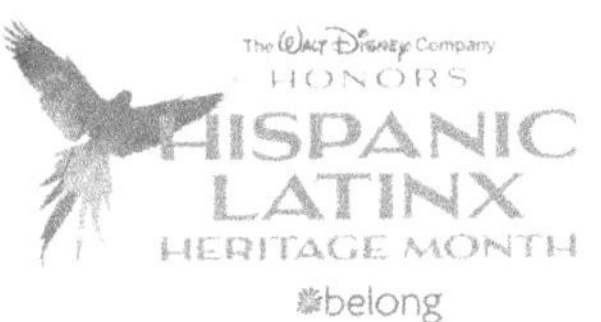

Iconos Digitales ©Disney

LOS PRINCIPIOS DE LA CHISPA CREATIVA

SEGUNDA PARTE

LOS PRINCIPIOS DE LA CHISPA CREATIVA

Mis principios rectores para construir una carrera de diseño significativa, resiliente e inspirada.

Antes de cumplir 30 años de carrera, decidí escribir una publicación que reflexionara sobre el camino recorrido para celebrar esta ocasión especial, no solo en mi blog, sino también en mi perfil de LinkedIn. Al principio, consideré el enfoque habitual de "mirar atrás" (compartir momentos culminantes o contar mis anécdotas favoritas), pero quería hacer algo diferente para compartir mi conocimiento. Empecé a pensar en las lecciones que he aprendido, los valores que he conservado y los consejos que a menudo doy a los demás. Fue entonces cuando surgió la idea de crear un conjunto de principios de diseño. Lo que empezó como una simple lista con breves descripciones para ese artículo evolucionó lentamente. Los principios que ven aquí hoy son una versión más profunda y personal de esa lista original, ampliada a través de la narración, la reflexión y la experiencia.

Piense en estos principios de diseño como un kit de supervivencia creativo: mitad brújula, mitad libro de hechizos. No son reglas ni son sagrados. Son reflexiones que escribí tras afrontar plazos ajustados, comentarios difíciles, retos imposibles y cambios de rumbo en mi carrera. Algunos son prácticos, otros más filosóficos, pero todos son merecidos.

Los comparto con la esperanza de que le inspiren, especialmente cuando esté inmerso en el trabajo y se pregunte si sigue en el camino correcto. Están aquí para recordarle que su creatividad es una fuerza, que su crecimiento importa y que, a veces, el principio más pequeño puede generar la mayor magia.

Los he dividido en cuatro temas:
- *Mentalidad creativa y crecimiento personal,*
- *Diseño en práctica,*
- *Relaciones y colaboración, y*
- *Profesionalismo y el entorno laboral.*

MENTALIDAD CREATIVA Y CRECIMIENTO PERSONAL

Caer Hacia Adelante, Fracasar Con Más Inteligencia

No se sienta mal si comete un error. No puede crecer sin ellos. Los errores son nuestra forma de evolucionar, como artistas, profesionales y personas. La clave está en cometerlos, aprender de ellos y evitar repetirlos. Cada paso en falso es un momento para perfeccionar su trabajo y tener más claro quién es usted.

He cometido muchos errores en mi carrera, y no me avergüenza admitirlo. Al principio, tuve dificultades con la gramática y la redacción en mi trabajo de diseño. Estaba tan concentrado en los aspectos visuales de mis diseños que pasaba por alto errores tipográficos o mensajes mal escritos. Olvidaba revisar la ortografía o revisar las palabras porque estaba absorto en el color, el diseño y el equilibrio. Pero una vez que afronté esa debilidad, se convirtió en una fortaleza. Con el tiempo, mejoré mi ojo para los mensajes e incluso comencé a aportar ideas más sólidas para mejorar el trabajo.

Todavía cometo errores, sobre todo cuando voy demasiado rápido o me veo abrumado por múltiples proyectos. Y sí, me frustro conmigo mismo. Pero he aprendido que la verdadera solución es bajar el ritmo, aunque sea un poco. Solo puede dar lo mejor de usted en un diseño a la vez. Mantengase concentrado en el proyecto que tiene delante. Préstele toda su atención. No solo reducirá las ediciones, sino que producirá un trabajo del que podrá estar orgulloso.

Todos los diseñadores tropiezan. Pero los mejores convierten esos tropiezos en peldaños. Así que no le tema al fracaso. Siga adelante. Y fracase con más inteligencia la próxima vez.

De El Salto Antes De Estar Listo

Les conté la historia de cómo mi abuela me dijo una vez que me arriesgara, incluso cuando me daba miedo. Pero no se refería a riesgos imprudentes. Se refería a los que se basan en la intención, la planificación y el corazón. No quería que un día llegara a su edad y me preguntara por qué nunca seguí mis sueños. Sus palabras se quedaron conmigo para siempre.

Años después, tomé uno de los riesgos más calculados de mi vida. Me mudé de Miami a Orlando sin un trabajo asegurado, solo con el sueño de ser artista y la convicción de que podía lograrlo. Había ahorrado suficiente dinero para vivir unos meses, había investigado un lugar que pudiera pagar y había planeado cada detalle, hasta lo último que podía prescindir. Una vez que llegué, no perdí el tiempo. Hice contactos, presenté mi solicitud de trabajo y me arriesgué. Unos meses después, conseguí el trabajo. Ese salto cambió el rumbo de mi vida.

Más adelante en mi carrera, di otro salto, esta vez a un puesto en una empresa con un futuro incierto. Durante mi tiempo allí, lideré iniciativas que transformaron la marca, generaron un impacto duradero y sentaron las bases para lo que vendría después en mi carrera. Aunque la empresa finalmente vendió el departamento, el trabajo que realicé allí resonó más allá de mi tiempo y abrió la puerta a mi siguiente oportunidad. Ese riesgo, al igual que el anterior, se convirtió en un trampolín hacia el crecimiento.

Arriesgarse no significa ser descuidado. Significa creer en su futuro lo suficiente como para seguir adelante, incluso cuando el resultado no está garantizado. No necesita ser intrépido, solo necesita estar lo suficientemente preparado.

"No siempre se sentirá listo. Salte de todas formas; sus alas se fortalecerán al descender."

Mantengase Curioso y Relevante

Tanto para diseñadores como para artistas, mantener la curiosidad es esencial para mantenerse creativos. Una de las herramientas más poderosas que puede cultivar es su apertura a la inspiración fuera de su campo. Suelo recurrir a la moda, la arquitectura, el diseño de interiores y la fotografía para inspirarme con nuevas ideas o ampliar los límites de una solución visual. Explorar otras disciplinas creativas le ayuda a desarrollar su propia voz como diseñador y hace que su trabajo sea más complejo e inesperado.

Busque nuevas perspectivas con intención. Visite museos, explore galerías, hojee revistas internacionales, explore portafolios en línea o pasee por barrios desconocidos. Observe lo que hacen otros artistas, creadores e incluso industrias no relacionadas.

Cuando empecé como diseñador gráfico, la revista *Communication Arts* se convirtió rápidamente en mi fuente de inspiración creativa. Siempre que no estaba seguro de qué dirección tomar en un nuevo proyecto, hojeaba sus páginas y encontraba una chispa, algo visual, algo inesperado, que me impulsaba a seguir adelante. Con el tiempo, cuanto más me exponía a grandes trabajos, más construía un vocabulario visual de ideas, estilos y enfoques que podía aprovechar cuando más lo necesitaba. Los grandes diseñadores son observadores por naturaleza. Se fijan en detalles que otros pasan por alto, ya sea la curva de la pata de una silla, la textura de un edificio o la belleza natural de los patrones de las alas de una mariposa. Les fascina tanto lo microscópico como lo cósmico. La curiosidad no es solo un rasgo, es una práctica. Hay que entrenar la mirada para ver con más profundidad, detenerse más tiempo y conectar ideas entre disciplinas.

Nunca sabe qué le inspirará hasta que le deje sorprender. Manténga la mente abierta y sea aventurero. Cuanto más explore, más le ofrece el mundo. Lo que una vez parecía ordinario se vuelve extraordinario, con un nuevo significado en mente, esperando inspirar su próximo diseño.

Deje Ir Lo Que No Puede Controlar

Siguiendo con el principio anterior, aquí hay una verdad dura pero liberadora: no puede controlarlo todo. Y cuanto antes lo acepte, más poder sentirá en su vida.

Cuando eliminaron uno de mis trabajos, no fue por nada que yo hiciera. Solo llevaba unos años en el puesto, me encantaba el equipo del que formaba parte y hacía un buen trabajo, pero se tomaron decisiones corporativas y no tuve ninguna influencia en el resultado. El trabajo simplemente desapareció. No podía cambiarlo. La sensación normal de que se trataba de una decisión dirigida contra mí invadió mi mente: ¿sería por ser latino? ¿O porque llevaba mucho tiempo en la empresa y era mucho mayor que el resto del personal?

Sentí que me habían atacado personalmente. Pero esa no era la realidad, y esos son sentimientos normales. Después de todo, somos humanos.

Esto me recordó una lección aún más personal que aprendí cuando tenía solo 13 años. Perdí a mi hermano menor en un trágico accidente de tráfico. Estaba en el lugar equivocado en el momento equivocado, y nada de lo que pudiera hacer cambiaría eso. El dolor de esa pérdida nunca ha desaparecido del todo, pero he aprendido: culparnos por cosas que escapan a nuestro control no es sano para nuestra salud mental.

En la vida, puede controlar su actitud, su esfuerzo y sus valores. Pero no puede controlar el clima, el comportamiento de los demás ni las reestructuraciones corporativas. Intentar controlar lo incontrolable solo conduce a una frustración y un miedo malsanos.

En lugar de eso, haga un plan. Hable con las personas que le importan. Prepárese para lo que pueda y deje ir el resto. La paz mental no proviene del control, sino de la claridad sobre qué es lo que le corresponde y qué no. En el caso del trabajo eliminado, conseguí un trabajo mucho mejor muy poco después.

Todo Es Termporal

Hablamos de "trabajos permanentes", pero la verdad es que nada es permanente. Y no es para asustarle, sino para prepararle.

Despidos, reestructuraciones y cambios inesperados ocurren a diario. Al principio de mi carrera, la seguridad laboral parecía algo natural. Pero con el tiempo, esa ilusión se desvaneció. Vivimos en un mundo en constante cambio. Lo que puede hacer es mantenerse alerta, ser flexible y hacer lo más esencial posible. No puede garantizar la seguridad laboral, pero sí puede controlar cómo se presenta a cada situación.

Y recuerde: un mal liderazgo también es temporal. Algunos líderes pueden amargarle la vida. Pero me he aferrado a una verdad: esto no duraría para siempre. Y no duró.

Incluso ahora, sé que esta nueva etapa de mi vida también terminará algún día. Así son las cosas.

Ningún trabajo es para siempre. Ningún sentimiento tampoco. Y eso está bien.

Acepte El Cambio

Si alguna vez ha trabajado en una empresa con visión de futuro, o en realidad, en cualquier empresa que quiera seguir siendo relevante, sabe que el cambio es constante. Nuevas estructuras, nuevos líderes, nuevas herramientas, nuevos objetivos. Algunos cambios son emocionantes, pero otros son incómodos. El cambio, bienvenido o no, es necesario porque es la forma en que evolucionamos, no solo como organizaciones, sino como individuos.

Hace años, experimenté un cambio que en aquel momento me pareció más un golpe bajo que una oportunidad de crecimiento. Después de dos años trabajando en mi primer trabajo de diseño gráfico, mi esposo recibió un merecido ascenso. Pero el trabajo era en California, lo que significaba vender nuestra casa en Florida y mudarnos al otro lado del país. Aunque ya habíamos visitado California antes, nunca nos habíamos planteado cambiar de residencia y convertirla en nuestro nuevo hogar. Hablamos de todos los aspectos. Tras pesar los pros y los contras, decidimos dar el salto y mudarnos. A primera vista, parecía una oportunidad emocionante, pero en realidad, era mucho más complicado de lo que parecía.

No habíamos considerado la logística: vender nuestra casa en Florida, contratar una empresa de mudanzas para transportar todas nuestras pertenencias, incluidos nuestros automobiles; encontrar un nuevo lugar para vivir en California; coordinar el traslado de mi trabajo.

Por suerte, la empresa en la que trabajaba entonces fue increíblemente comprensiva y me dio varios meses para planificar la transición una vez que nos hubiéramos instalado.

Pero el cambio seguía siendo abrumador. Cuando finalmente llegamos a California, sufrimos un choque cultural. Ambos habíamos crecido en ciudades pequeñas y ahora vivíamos en medio del enorme Condado de Orange. Nunca habíamos conducido por autopistas de diez carriles, y pronto aprendimos que en California uno planifica su día en función del tráfico. También nos enfrentamos a la realidad de que no podríamos permitirnos comprar una casa debido a los altos precios del mercado.

El ritmo, la escalada, el movimiento constante: todo era desconcertante. Y más allá de la logística, no conocíamos a nadie allí. La reacción de huida que había sentido años antes al mudarme a Estados Unidos resultó ser un golpe. Aun así, en medio de la desorientación, hubo regalos inesperados. Con el tiempo, ambos conseguimos ascensos laborales, con aumento de sueldo y mayor exposición. Encontramos cosas en California que simplemente no estaban disponibles en Orlando: más eventos culturales, exposiciones de arte y espacios creativos, que aprecié especialmente. ¡Y no podemos olvidar las montañas! Poco a poco, empezamos a sentirnos más estables. Pero en realidad, nunca nos sentimos del todo en casa allí. Siempre lo sentimos temporal, como un puente hacia algo más, algo aún no definido.

Y luego, un año después, otro ascenso nos dio la oportunidad de regresar a Florida. Esa decisión nos abrió más puertas de las que podríamos haber imaginado. Para entonces, el cambio ya no nos asustaba. Habíamos aprendido a adaptarnos. Y, sobre todo, nos habíamos apoyado mutuamente. La fortaleza de nuestra relación nos permitió soportar el caos, la incomodidad y la falta de familiaridad. Ese capítulo nos enseñó que el cambio, aunque a menudo sea complicado e indeseado, puede convertirse en el motor de lo que viene después. Sin duda, fue una experiencia gratificante que nos abrió nuevas puertas tanto personal como profesionalmente.

El cambio no siempre parece una oportunidad a primera vista. A veces, trae incomodidad, decepción o incluso traición. Pero esto es lo que he aprendido: resistirse rara vez lo hace más fácil. Lo que sí ayuda es ajustar la mentalidad. No todos los cambios son ideales, pero cada cambio puede ser una enseñanza. Si se mantiene adaptable, tiene claros sus valores y se concentra en su propio crecimiento, encontrará la manera de avanzar, incluso cuando el camino parezca diferente al que esperaba.

Manténga La Visión, Incluso En La Niebla

A lo largo de mi carrera, hubo momentos en los que me sentí derrotado, especialmente después de no conseguir el trabajo que realmente quería o creía merecer. Es normal sentirse así. Pero hay algo importante que recordar: no siempre es personal. Si un empleador me dejaba pasar, me recordaba a mí mismo: era su pérdida. Sé lo que aporto.

Cuando recibía un rechazo, me daba unos días para pensarlo antes de volver a analizarlo con más claridad. Una vez que me sentía más centrado, aprovechaba ese momento para reflexionar: ¿Qué podía mejorar? ¿Qué me faltaba? Si era posible, contactaba al responsable de contratación para pedirle su opinión: ¿qué le faltaba a mi portafolio o a mi enfoque? Tomar esa iniciativa convertía un "no" en una oportunidad de aprendizaje. Y la verdad es que solo necesita un "sí" para que todos los "no" valgan la pena.

Sea Un Estudiante, Siempre

No importa cuánto tiempo lleve haciendo esto, siempre hay algo nuevo que aprender: una técnica, una herramienta, un punto de vista. Aprendo nuevas herramientas, técnicas y tendencias cada día. El mundo del diseño evoluciona constantemente, y nosotros también debemos hacerlo. Manténga la curiosidad, haga preguntas y busque el comentario. Siéntese en primera fila una y otra vez, incluso cuando ya le haya ganado un lugar en la mesa. La maestría no proviene de saberlo todo, sino de permanecer abierto a todo. Esa es la clave.

Sé que al principio puede resultar incómodo unirse a grupos de apoyo donde no conoce a nadie. Pero he aprendido que este tipo de incomodidad es a menudo donde se produce el mayor crecimiento. Exponerse, escuchar nuevas perspectivas, compartir las suyas, puede ser una parte importante del proceso de aprendizaje. Le ayuda a comprender cómo piensan los demás y, a su vez, profundiza en su propio trabajo creativo.

Si presentarse en persona le intimida, los grupos en línea pueden ofrecer un espacio similar de conexión y apoyo. Han sido un salvavidas para mí más de una vez, especialmente durante las temporadas en las que me costaba socializar.

Como introvertido, he tenido que darme un empujoncito para ser el centro de atención, incluso cuando no me parecía natural. A menudo recuerdo mis inicios en el teatro: estar en el escenario, expuesto e inseguro, pero aun así presentándome. Esos momentos me enseñaron más que la actuación; me dieron la valentía de ser visto. Y esa valentía me ha ayudado a presentarme en nuevos espacios con confianza y humanidad.

Deje Un Legado, No Solo Una Carpeta De Archivos

Su carrera es más que una colección de proyectos; es la huella que deja. Las personas a las que asesoró, los estándares que elevó, los momentos que inspiró. El legado no se trata de ser famoso; se trata de ser recordado por la forma en que trabajó, lideró y ayudó a otros. Algún día, los archivos que diseñó serán archivados o reemplazados, pero su influencia en las personas perdurará. Diseñe con eso en mente.

Cuando diseño, no pienso en el legado, al menos no conscientemente. Como el diseño se ha convertido en parte de mi ADN, sé que todo lo que creo deja huella. Influye, comunica, ayuda a la gente a considerar algo, ya sea una campaña de marketing, la presentación de la portada de un libro o una transformación completa de la marca.

Cada proyecto, cada decisión, cada idea que hace realidad es una pequeña piedra en el camino de su legado. Lo construye momento a momento, píxel a píxel. Puede que no lo vea con claridad ahora, pero un día, alguien más recorrerá ese camino y verá el que ha trazado.

DISEÑO EN PRÁCTICA

Diseñe Con Integridad

Esto debería ser obvio, pero es necesario decirlo: no robe. Diseñe siempre con integridad e intención. Eso significa trabajar con una mente objetiva, mantener la curiosidad y usar todos los elementos y herramientas del diseño con responsabilidad. No son solo comportamientos aprendidos; deberían formar parte de su ADN creativo.

¿Buscar imágenes en Google, descargarlas e insertarlas en su proyecto sin licencia? Eso es robar. Lo mismo ocurre con las tipografías, la música, la fotografía, el vídeo, la iconografía y las gráficas. Cualquier cosa creada por otra persona. Que algo esté en línea no significa que sea de uso gratuito.

Pero la integridad no se trata solo de derechos de autor, sino también de sensibilidad. Una vez trabajé con un compañero que había incursionado en el diseño gráfico. Me contó con orgullo sobre un anuncio que creó para un banco que mostraba a una mujer con pechos exagerados, afirmando que llamaría la atención de los clientes masculinos. No bromeaba. Para él, esto era simplemente marketing inteligente. Para mí, fue poco ético, misógino y completamente poco profesional.

El diseño tiene poder. Ese poder debe usarse con cuidado, empatía y consideración. Cuando creamos, moldeamos la percepción, y eso conlleva responsabilidad.

Haga lo correcto. Incluso cuando nadie le esté viendo.

Cumpla Con La Fecha Límite,
Honre El Oficio

Las fechas límite no son solo fechas del calendario; son una prueba de su profesionalismo, gestión del tiempo y respeto por el tiempo de los demás. Como creativos, a menudo anhelamos más tiempo para pulir o perfeccionar, pero aprender a entregar un trabajo excelente a tiempo es lo que nos genera confianza y nos abre puertas.

Las fechas límite definen cómo nos ven en el mundo profesional. Si no la cumple repetidamente, la gente dejará de depender de usted. Cúmpla constantemente y se convertirá en la persona con la que los demás puedan contar, incluso bajo presión.

A medida que me fui sintiendo más cómodo con mi trabajo, podía calcular cuánto tiempo me tomaría diseñar un proyecto para planificar mejor mi día, incluyendo cualquier problema que tuviera que resolver o reuniones a las que tuviera que asistir. En mi caso, una buena planificación me ayuda a cumplir con todos mis plazos.

Consejos
- Divida la línea de tiempo en hitos más pequeños.

- Deje un margen de tiempo: la vida siempre le depara sorpresas.
- Si no puede cumplir con una fecha límite, comuníquese con prontitud y honestidad.
- Recuerde: Más vale hecho que perfecto. Sobre todo cuando lo perfecto llega tarde.

Respéte Las Especificaciones

Antes de embarcarse en cualquier proyecto, conozca sus especificaciones. Las dimensiones, la resolución, los modelos de color y los tipos de archivo no son solo detalles técnicos: son herramientas esenciales para que su diseño funcione tan bien como se ve.

No cumplir con las especificaciones puede provocar retrasos en la producción, imágenes pixeladas o desperdicio de materiales. Respetarlas forma parte del respeto a su cliente, a su trabajo y a su propia credibilidad.

Diseño Para Impresión

- Dimensiones: Generalmente en pulgadas o pies, según el tamaño (pósteres vs. vallas publicitarias).
- Modo de color: CMYK
- Resolución: Mínimo 300 ppp
- Tipos de archivo comunes: PDF (para impresión), JPG, PNG
- Para animación: GIF o MP4 (según el uso)

Diseño Para Lo Digital

- Dimensiones: En píxeles

- Modo de color: RGB
- Resolución: La resolución estándar es de 72 ppp, pero 150 ppp es cada vez más común en pantallas de mayor resolución.
- Tipos de archivo comunes: JPG, PNG, GIF, BMP
- Para animación: GIF o MP4

Un buen diseño no se trata solo de creatividad, sino también de precisión. Las especificaciones son el marco invisible que mantiene su brillantez en su lugar.

Cree Lo Que Desee Que Existiera

Un día me encontré con esta frase en Instagram y se me quedó grabada: "Séa una voz, no un eco". Me recuerda por qué diseño en primer lugar. Sí, a menudo trabajamos con los límites de presupuestos, directrices de marca y expectativas del cliente, pero la creatividad no tiene por qué detenerse ahí.

Como diseñadores, tenemos el poder de ampliar esos límites y traer algo inesperado al mundo. Podemos inventar nuevas formas de comunicarnos visualmente. Podemos sorprender, revolucionar e inspirar.

Un diseñador creativo no se limita a seguir el modelo; rompe esos moldes. Asumen riesgos calculados, prueban cosas nuevas y exploran ideas que quizá no siempre funcionen, pero que vale la pena experimentar. Así es como se desarrolla su voz individual y así es como ayuda a que el diseño avance: no imitando lo que ya existe, sino imaginando lo que podría funcionar.

No espere a que alguien más haga lo que quiere ver. Créalo usted mismo.

El Tiempo Es La Verdadera Herramienta Creativa

Existe esta idea errónea de que diseñar es fácil. Si así fuera, el mundo no necesitaría diseñadores. Lo cierto es que se necesita talento, estrategia e imaginación para hacer lo que hacemos, y sobre todo, tiempo. ¡Y también instinto, no lo olvido!

El diseño no es solo decoración. Es resolución de problemas, narración y comunicación visual. Cuando no se tiene en cuenta el tiempo en el proceso, la creatividad se resiente, y con él el equipo que lo respalda.

He trabajado con equipos donde los líderes pasaron por alto o evitaron el tiempo necesario para un buen diseño. Todo se convirtió en un lío de última hora, lo que provocó agotamiento y baja moral. Esto no es sostenible ni respetuoso con los profesionales creativos.

Una planificación estratégica que incluya espacio para la creatividad conduce a un mejor trabajo y salud. Los diseñadores no somos máquinas de producción. Damos vida a las ideas. Sin nosotros, esas brillantes ideas de marketing se quedan en eso: ideas. Dele a los creativos el tiempo que necesitan y le darán magia.

Diseñe Para Impactar, No Para Aplausos

Los aplausos son fugaces, pero el diseño significativo perdura. Es fácil obsesionarse con premios, los "likes", o elogios de los clientes, pero la verdadera magia surge cuando su trabajo conecta, resuelve problemas, inspira o educa. El impacto reside en la claridad, en la utilidad, en cómo un mensaje conmueve a la gente. Cuando diseña con intención y empatía, el reconocimiento suele llegar; pero incluso cuando no, sabrá que creó algo que importa.

He tenido trabajos que no ganaron premios, pero que cambiaron la percepción de las marcas. He diseñado piezas que nunca se presentaron en galerías ni revistas, pero que generaron conversaciones, conmovieron y dejaron una huella imborrable. El trabajo del que me siento más orgulloso no fue el más llamativo ni el más elogiado; fue el que ayudó a alguien a comprender un mensaje con mayor claridad, a levantar una voz que no se había escuchado o a traer alegría, calma o claridad a la vida de alguien. El diseño, en esencia, es una forma de servicio, y cuando lidera con esa mentalidad, su carrera se centra menos en la validación y más en la contribución. Ese es el tipo de legado que vale la pena construir.

Su Portafolio Es Su Voz

Un currículum vitae excepcional es importante, pero su portafolio es su verdadera voz. Es la herramienta más poderosa que tiene para demostrar lo que puede hacer y cómo piensa. Dependiendo del tipo de trabajo que busque, su portafolio debe ser específico, claro y distintivo. ¿La buena noticia? Hoy en día, existe una amplia gama de plataformas gratuitas y de pago que le ayudan a crear un portafolio funcional y visualmente atractivo.

Plataformas Gratuitas

Behance

Es fácil de usar y ampliamente reconocido por creativos y reclutadores. Ideal para mostrar nuevos trabajos y crear comunidad, especialmente si está empezando. Aunque la personalización es limitada, es rápido y eficiente.

Adobe Portfolio

Es gratis con suscripción a Adobe Creative Cloud y se integra a la perfección con Behance. Ofrece plantillas modernas, un aspecto profesional y es fácil de usar.

Notion

Es una herramienta nueva con mucho potencial. Ideal para presentar casos prácticos y el contexto de su trabajo. Sus plantillas son flexibles y modernas, pero no es ideal para galerías visuales.

Google Sites

Es simple y directo. Una buena opción sin lujos si necesita algo rápido y fácil. No es tan visualmente complejo, pero cumple su función.

Plataformas Pagadas

Squarespace

Personalmente es mi favorito. Lo he usado tanto para mi portafolio profesional como para los sitios web de mis libros. Sus plantillas son impecables, están optimizadas para dispositivos móviles y cuentan con un excelente servicio de atención al cliente. Ideal para diseñadores que buscan control estético y herramientas de marketing.

Webflow

Es altamente personalizable y robusto, ideal para

diseñadores con habilidades técnicas avanzadas. Ofrece control creativo total, pero requiere una curva de aprendizaje pronunciada.

Format

Es una opción asequible y elegante, especialmente buena para fotógrafos o portafolios con un enfoque visual gracias a sus plantillas simples y minimalistas.

Qué Incluir (Y Qué Omitir)

Su página "Acerca de" o "Autor" debe presentarse, no solo lo que ha hecho. Esta es su oportunidad de hablar en primera persona, compartir su historia y reflejar su personalidad. Incluya un currículum si busca trabajo y considere añadir fotos del proceso o espacio de trabajo. Si su trabajo abarca varias disciplinas o sectores, organícelo en secciones. Esto ayuda a los lectores a centrarse en lo que les resulta más relevante.

Una sección de "Trabajos Recientes" le permite destacar proyectos nuevos y demostrar su crecimiento. También puede considerar una sección de "Casos Prácticos" si se adapta a su trabajo: compartir sus objetivos, procesos, desafíos y resultados puede ser una excelente manera de demostrar su pensamiento estratégico.

Una página de "Contacto" es imprescindible: facilite que la gente le contacte.

Si se anima, una página de "Blog" es una excelente manera de compartir su perspectiva, ofrecer ideas o escribir actualizaciones sobre proyectos en curso e historias de éxito. Genera credibilidad y mantiene su sitio dinámico.

Y, por último, si crea diseños o trabajos que le gustaría vender, considere lanzar una página de "Ventas" con su arte aplicado a productos como camisetas, bufandas, tazas o papelería. Las herramientas actuales lo hacen más fácil que nunca.

Manteniéndolo Fresco

Los portafolios deben evolucionar con su carrera profesional. Prefiero actualizar el mío por secciones en lugar de hacer una revisión completa; así es más fácil de gestionar y mi trabajo se mantiene actualizado. Sea cuidadoso con lo que incluye: no muestre todo, sobre todo si es repetitivo o está desactualizado. Me gusta eliminar proyectos viejos para demostrar que he evolucionado claramente en mi trabajo.

Su portafolio no es solo una colección de imágenes, es una narrativa. Es la forma en que expresa su voz, su creatividad y sus valores. Siga aprendiendo, evolucionando y deje que su portafolio hable por usted.

Construya Un Depósito Creativo

Un consejo que suelo compartir es crear una carpeta de inspiración o "mood board". El mio está en mi escritorio e incluye capturas de pantalla de redes sociales, fotos que tomo, artículos y publicaciones que me impactan visualmente. Recurro a esta carpeta siempre que me estanco en un proyecto o necesito un impulso.

Todavía recuerdo haberme inspirado en los gráficos de los Juegos Olímpicos de Río. Años después, trabajando en un proyecto completamente diferente, esas imágenes volvieron a mi mente. Las usé como punto de partida para una nueva dirección de diseño. Una colega me preguntó cómo recordaba algo tan específico, y le dije que era como tener un archivador en la cabeza.

Ahora, con herramientas como las colecciones de Instagram o las carpetas guardadas en telefonos mobiles, guardo todo lo que me evoca una emoción. Nunca se sabe cuándo ese recuerdo puede volver con un nuevo significado o la semilla de inspiración que busca.

RELACIONES Y COLABORACIONES

Los Comentarios Son Un Regalo, No Una Amenaza

Sí, ya he mencionado los comentarios antes en el libro, pero merece ser reiterado como un principio de diseño importante, como el primer recordatorio que hay que tener siempre a mano.

El comentario no es un ataque personal. No es un insulto. No es un juicio sobre su valor como artista.

Es un regalo que lo convertirá en un diseñador más fuerte, más perspicaz y más reflexivo.

Antes me costaba esto. Como muchos creativos, ponía todo mi corazón en mi trabajo. Cuando alguien me hacía una crítica, sentía que me criticaban a mí. Pero con el tiempo, aprendí a distanciarme emocionalmente, no del trabajo en sí, sino de la forma en que me daban el comentario. Esa es la clave.

No todos los comentarios se entregan a la perfección. A veces son apresurados. A veces son bruscos. A veces carecen del tacto que desearías. Pero su trabajo es ver más allá de las palabras y encontrar la verdad interior. ¿Cuál es la esencia de lo que dicen? ¿Qué puede aprender de ello?

Agradezca trabajar con personas que se preocupan lo suficiente como para ofrecerle comentarios reflexivos y constructivos, especialmente aquellos que saben cómo darlos con respeto. Y si no recibe comentarios, pídalos. Así es como crece.

No tema los comentarios. Búsquelos. Es una de las maneras más rápidas y honestas de convertirse en un mejor diseñador y un mejor comunicador.

La Confianza Se Gana Píxel A Píxel

La confianza es una de las monedas más valiosas que construirá en su carrera, y se gana gradualmente, momento a momento, píxel a píxel.

Empiece con la constancia. Con cumplir lo que promete. Se refuerza cada vez que cumple una fecha límite, escuche atentamente, colabore con integridad y trate a los demás con respeto.

Con el tiempo, la confianza se convierte en una red en la que puede apoyarle, especialmente cuando la vida le da sorpresas. He pasado por transiciones importantes, cambios profesionales difíciles y pérdidas personales. Lo que me permitió superar esos momentos fue la confianza que construí con mis compañeros, mentores y colaboradores. No tuve que pedir apoyo; surgió de forma natural, porque la confianza ya existía.

Pero la confianza no es solo algo que se construye para su propio beneficio; es algo que se transmite. Manténga el contacto con la gente. Manténga el contacto con sus colegas, incluso si ya no trabajan juntos. Un mensaje, una sonrisa o un simple "¿Cómo estás?" puede tener más peso del que cree.

Todos llevan paquetes en sus vidas. Sea la persona en la que puedan confiar y que aparezca una y otra vez.

Deje El Ego, Manténga La Excelencia

Con suerte, nunca tendrá que trabajar con una diva del diseño gráfico, pero lo más probable es que sí. Y, sinceramente, puede que no sea la peor experiencia. ¿Por qué? Porque la exposición a diseñadores egocéntricos puede enseñarle exactamente cómo no serlo.

Una "diva del diseño" es alguien que prioriza la estética sobre la funcionalidad, cree saber más que sus clientes, domina las conversaciones con historias sobre sí misma y deja que el ego y el perfeccionismo dirijan la situación. A menudo se resisten a los comentarios, ignoran la colaboración y ven el compromiso como un fracaso creativo. Estos rasgos pueden hacer que sea increíblemente difícil trabajar con ellas.

Para evitar que le etiqueten como tal, priorice la comunicación sobre el control. Ame sus ideas, pero no se deje dominar por ellas. El comentario no es un ataque personal, es una herramienta. Tómelo como un regalo que le ayuda a crecer y refinar su trabajo. Lo cierto es que no está solo en la sala. El diseño es un esfuerzo colaborativo, y los mejores resultados provienen de la apertura, la curiosidad y la flexibilidad.

Ser humilde no significa ser tímido; significa tener la sabiduría para escuchar, la curiosidad para explorar alternativas y la confianza para adaptarse. Las tendencias de diseño cambian, las herramientas evolucionan, los clientes aportan perspectivas diferentes, y usted debe evolucionar con ellos.

Deje que su trabajo brille a través de su dedicación, su adaptabilidad y su capacidad de colaboración, no de su ego. Así es como se mantiene la excelencia.

Establezca Conexiones, No Solo Contactos

El networking es una herramienta poderosa en el conjunto de herramientas de un diseñador, no solo para descubrir oportunidades laborales, sino también para descubrir inspiración, mentores, colaboradores y aliados para toda la vida. Las mejores conexiones suelen surgir de la curiosidad, no de la ambición profesional. Pregunte a la gente sobre su trayectoria creativa, los retos que han enfrentado y qué motiva su trabajo. Sea genuino en su interés. Comparta su trabajo con confianza, pero con humildad. Deje el ego a un lado.

Si se reúne en persona, lleve siempre una versión digital de su portafolio de fácil acceso. Cuando muestre su trabajo, no espere solo admiración; explique su proceso. Hable del problema que estaba resolviendo, el razonamiento detrás de sus decisiones y cómo llegó a la solución. Esto genera credibilidad y demuestra madurez en su pensamiento creativo.

Y no olvide el seguimiento. Después de conectar con alguien, envíele un mensaje electrónico o mensaje de texto de agradecimiento. Se han tomado el tiempo de conocerle y compartir ideas que quizás no encuentre en ningún otro lugar. Ese pequeño gesto es muy valioso.

Asista a eventos de networking siempre que pueda. Las reuniones de AIGA, las reuniones de diseño y las conferencias anuales como Adobe MAX son excelentes para conocer a otros miembros de la comunidad creativa. Si no puede asistir en persona, busque oportunidades virtuales a través de eventos de LinkedIn o paneles en línea. Siempre hay una manera de conectar: simplemente de el primer paso.

LinkedIn, en particular, es una herramienta invaluable para ampliar su red de contactos. Pero no se trata solo de recopilar contactos, sino de construir relaciones reales. Cuando me uní a LinkedIn, apenas conocía a nadie en el sector del diseño. Pero al empezar a trabajar, conecté con colegas y mentores a los que respetaba.

Sea proactivo. Después de conseguir un trabajo, envíe invitaciones para conectar con su equipo y líderes. Mantengase en contacto mediante mensajes o publicaciones compartidas. Construir relaciones requiere tiempo e intención.

No hay problema en contactar con personas que no

conoce si trabajan en el sector en el que quiere crecer. Envíe una nota breve y respetuosa explicando que es nuevo en el sector, con ganas de aprender y que le encantaría conectar. Manténga la humildad, sea positivo y deje que su entusiasmo por el trabajo se manifieste. Esa energía es contagiosa.

Sea realista, no todos responderán. Una vez, un compañero de trabajo cercano me presentó por correo electrónico a un director de arte de otro departamento al que el conocía bastante bien. Me tomé el tiempo de responder a ambos, agradeciéndole a mi compañero la conexión y diciéndole que me interesaba hablar con él sobre su puesto. Nunca respondió, ni siquiera después de volver a contactarlo una segunda vez. Eso no dice mucho de su marca ni del departamento al que representaba. Ya sabía que tenían mala reputación, así que esto lo confirmó.

LinkedIn también es una excelente aplicación para compartir su opinión. Úsela para escribir publicaciones reflexivas sobre su trabajo de diseño, lecciones aprendidas o artículos que le inspiren. Suelo usar LinkedIn para compartir novedades sobre mis libros o republicar historias que merecen más atención. También escribo artículos sobre temas que me apasionan o noticias profesionales. Con el tiempo, estos hábitos atraen de forma natural a otras personas que comparten su pasión. No sucederá de un día para otro, pero con el tiempo verá los beneficios. Al construir su red de contactos, recuerde: no se desespere, no hable solo de usted mismo y nunca hable mal de otros diseñadores o clientes. Nunca se sabe quién conoce a quién. Crear redes de contactos no es algo que se hace una sola vez, es una inversión para toda la vida. Cuídelas, aliméntelas y deje que crezcan junto con su carrera.

Levante Mientras Sube

No hay mayor satisfacción que compartir su talento y las lecciones aprendidas en la vida. A lo largo de mi carrera, he tenido la oportunidad de ser mentor de compañeros de trabajo y estudiantes universitarios que inician sus propios caminos creativos. Esta experiencia reforzó mis conocimientos de diseño, ofreció a otros nuevas perspectivas e inspiración, y les ayudó a ampliar su red profesional, tanto directa como indirectamente. Personalmente, cumplió con la misión de mi marca personal: tener una reputación profesional positiva, a la vez que construía un legado para mi trabajo que otros puedan admirar después de mi partida.

Inscríbase en su AIGA local o consulte con los grupos de recursos para empleadores, ya que muchos también apoyan programas de mentoría. La mentoría no tiene por qué ser un proceso a largo plazo; también significa ayudar a sus compañeros de trabajo cuando necesitan su consejo o alguien que escuche sus desafíos. Asumí esta posición muchas veces cuando, a través de mis relaciones, la gente vio en mí a alguien en quien confiar y de quien aprender. Ciertamente, no tenía todas las respuestas, así que investigué para ver si era algo de lo que yo también podía aprender. Para mí, la mentoría es una forma de retribuir. Fui aprendiz una vez, y aunque a veces parecía terapia, fue increíblemente revelador descubrir cómo mi actitud y mi forma de pensar afectaban las decisiones que tomaba a diario. Hubo mucha introspección durante este período y me sentí como una persona diferente al salir de la experiencia. Recompensar a otros con la misma experiencia no solo le ayuda a sentirse bien, sino que también ayuda a mantener la industria sólida al elevar el estándar del pensamiento de diseño y la profesionalidad.

Contribuya Donde Pueda

Una de las cosas más gratificantes que puede hacer como diseñador es dedicar su tiempo y talento a quienes más lo necesitan. Ofrecer sus habilidades como voluntario, ya sea diseñando para una organización sin fines de lucro, ayudando a una pequeña organización comunitaria, asesorando a un artista emergente o participando como juez en un concurso de arte, tiene el poder de generar un impacto real. No solo eleva a otros, sino que también profundiza su propio crecimiento y pasión por su trabajo.

Cuando comparte lo aprendido, no solo anima a alguien más, sino que refuerza su propio propósito. Ayudar a alguien a crear su primer portafolio u ofrecer comentarios sobre su trabajo puede ser un momento decisivo en su carrera y un recordatorio conmovedor de dónde empezó.

Done generosamente cuando pueda. El mundo del diseño se fortalece, se humaniza y se llena de esperanza gracias a ello. Para mí, contribuir comenzó como una extensión natural de mi posición. Cuando mi empleador buscaba a alguien que ayudara a crear la dirección visual para el Mes de la Herencia Hispana, el líder del grupo de recursos para empleados, que me conocía de trabajos anteriores en los que había colaborado, me contactó para preguntarme si estaría interesado en crear la identidad visual de la campaña. Lo que comenzó como un proyecto interno se convirtió en algo mucho más significativo. Diseñar la visión de marca para una celebración tan significativa no solo elevó la calidad y la autenticidad de nuestro mensaje, sino que también me dio mayor visibilidad como artista y profundizó mi conexión con mis propias raíces culturales. Me recordó que algunas de las oportunidades más gratificantes para crecer, tanto personal como profesionalmente, pueden surgir simplemente de ofrecer su creatividad al servicio de algo más grande que usted mismo.

PROFESIONALISMO Y LUGAR DE TRABAJO

Es Un Lugar De Trabajo, No Un Patio De Recreo

Siempre he sido una persona amigable en el trabajo. Disfruto conectar con los demás, forjar buenas relaciones y crear un ambiente positivo. Y aunque el trabajo puede ser un lugar donde nacen grandes amistades, es importante recordar esto: le contrataron para hacer un trabajo, no para hacer amigos.

Algunas personas vienen a trabajar solo por trabajar, y eso está bien. Cada persona aporta su propia experiencia, personalidad y límites al lugar de trabajo. No todos estarán interesados en conectar más allá de las responsabilidades diarias, y eso no tiene nada que ver con usted personalmente.

A lo largo de mi carrera, he hecho amistades increíbles, personas con las que todavía hablo y admiro. Pero también he tenido momentos en los que intenté conectar con alguien, y la otra persona simplemente no mostró interés.

Eso solía molestarme. Ahora lo veo como lo que es:

no es rechazo, es la realidad.

Ser profesional significa saber interpretar el ambiente. Sea amable, respetuoso y colaborador. Pero no se lo tome como algo personal si su calidez no siempre se corresponde con entusiasmo. El lugar de trabajo no es un patio de recreo social, es un espacio compartido para el propósito y el rendimiento.

Si se forjan amistades, es una gran ventaja. Si no, la experiencia no pierde su significado. Concéntrese en hacer su mejor trabajo y tratar a los demás con integridad; eso es lo que perdura.

No Sea Un Imbécil

Un supuesto "jefe" para el que tuve la desgracia de trabajar me dijo que sonreía demasiado y que la gente pensaba que era demasiado amable. Era un comentario irónico, viniendo de alguien que solo respetaba a quienes le adulaban. Parecía no darse cuenta, ni importarle, de que casi nadie lo apreciaba. Pero tenía el cargo, y en su mente, eso le daba permiso para tratar a la gente como quisiera. Creía que para tener éxito, había que ser frío, agresivo y calculador, igual que él.

Le dije que sonreía porque realmente amaba mi trabajo y disfrutaba colaborando con la gente. Y sí, también le sonreía, porque podía ver lo miserable que era en realidad. Como era de esperar, finalmente lo botaron. Pero el daño que este tipo de personas causan a menudo se extiende mucho más allá de su cargo.

¿Y los líderes que toleran o facilitan este tipo de comportamiento? Son igual de culpables. Si ignoran el sufrimiento de su gente, no está liderando; es un facilitador del comportamiento negativo. Eso también le convierte en un imbécil.

Seguro que ha oído el dicho: "Se cazan más moscas con

miel que con vinagre". No es solo un cliché, es una verdad que he visto demostrada una y otra vez. Por desgracia, la amabilidad a menudo se confunde con debilidad. Y sí, las personas seguras de sí mismas pueden parecer arrogantes o distantes. Pero es perfectamente posible ser seguro y amable a la vez. De hecho, esas son las personas con las que otros quieren trabajar.

Así que no sea un imbécil. Lidere con empatía. Trate a las personas con respeto, sin importar su cargo o jerarquía. Nunca se sabe, algún día su empleado podría convertirse en su jefe. La amabilidad no es una desventaja, es una de sus mayores fortalezas creativas y profesionales.

Sobrevivir A Los De Mente Estrecha

Como mencioné anteriormente en este libro, vale la pena repetir este punto, ya que es crucial para su autoestima y su crecimiento a largo plazo: Nunca deje que líderes tóxicos, ni nadie más, definan cómo se siente consigo mismo o con su trabajo.

Es desmoralizante trabajar con alguien que menosprecia a los demás solo para engrandecerse. Desafortunadamente, durante mi carrera, me encontré con líderes así: personas que ocupaban puestos superiores pero no entendían realmente cómo liderar. Pensaban que podían usarme o menospreciarme simplemente porque tenían el título. Pero nunca me rebajé a su nivel.

Me presenté con profesionalismo, integridad y confianza. No dejé que me hicieran sentir inferior. Me recordaba a mí mismo cada día: yo no era el problema.

Así es como sobreviví y prosperé:

- Documenté todo. Incluso cuando me quitaba una hora del día, llevaba un registro de cada interacción que se pasaba de la raya. Necesitará esta documentación si alguna vez se convierte en un problema de recursos humanos.

- Creé un sistema de apoyo fuera de mi equipo. Me apoyé en un terapeuta pagado por la empresa para hablar sobre el impacto emocional y obtener perspectiva.

- Me centré en la excelencia. Me concentré en el trabajo lo mejor que pude, de forma constante. Me aseguré de que no hubiera lugar a dudas sobre mi rendimiento.

- Cuando quedó claro que la situación no iba a cambiar, tracé un plan para seguir adelante con mi dignidad intacta y no mirar atrás.

Los líderes tóxicos suelen ver a las personas de alto rendimiento como amenazas. Encontrarán cualquier excusa para deshacerse de uno, pero eso dice más de ellos que de usted. Estar expuesto a este tipo de personas fue doloroso, pero también me enseñó una sabiduría que de otro modo no habría adquirido.

Y nunca olvidaré esta lección: la gente no deja sus trabajos, deja a sus líderes.

Así que, esto es lo que quiero que recuerde: No todos los líderes son mentores. Algunos son obstáculos. Pero su incapacidad para liderar con amabilidad, empatía o integridad es su defecto, no el suyo. No se encoja para encajar en su visión. Ascienda para construir la suya. Las personas adecuadas reconocerán su valor, aunque lleve tiempo encontrarlas.

Mantenga Su Currículum Actualizado Y Listo

Su currículum es más que una simple formalidad: es un documento vivo que refleja su evolución como profesional creativo. Al igual que su portafolio, debe estar siempre actualizado, optimizado y alineado con sus objetivos actuales.

Extensión: Mantengalo en una sola página. La claridad y el enfoque son clave.

Propósito: Debe comunicar al instante quién es y por qué es el candidato ideal para el puesto.

Para los diseñadores, la maquetación es importante. su currículum debe reflejar su sensibilidad estética: limpio, legible y visualmente atractivo. Pero no se exceda en la creatividad al punto de que los sistemas de seguimiento de candidatos (ATS) lo vuelvan ilegible. Muchos currículums con mucho diseño se filtran antes de que un profesional los vea.

Esto es lo que debe incluir:

- **Encabezado:** Nombre, ciudad y estado, número de teléfono, dirección de correo electrónico y enlaces a sitios web/portafolio.

- **Título profesional:** Debajo de su nombre, indique el puesto al que aplica. Esto ayuda a que los escáneres de currículums detecten su relevancia.

- **Habilidades principales:** Un resumen de sus fortalezas clave; adapte esta sección a cada puesto utilizando el lenguaje de la descripción del puesto.

- **Experiencia profesional:** Indique cada puesto con
  - Nombre y ubicación de la empresa
  - Título del puesto y fechas (mes/año)
  - Explicación de los logros importantes. Siempre que sea posible, incluya resultados flujos de trabajo mejorados, campañas exitosas o métricas de crecimiento.

- **Educación y desarrollo profesional:** Incluya su título universitario más alto, el año de obtención y cualquier capacitación, certificación o curso relevante.

- **Idiomas y honores (si corresponde):**Incluya sólo si es relevante para el puesto.

Consejo profesional: Si le invitan a una entrevista, lleve una versión impresa de un currículum más creativo. Es su oportunidad de mostrar sus habilidades de diseño de una forma que destaque en papel. Si está comenzando su carrera o en transición, destaque proyectos de clase, trabajos freelance, proyectos que le apasionan o incluso trabajo voluntario que reflejen iniciativa, talento y empuje, cualidades que todo empleador valora.

Sea Dueño De Su Independencia

Como en muchos tipos de trabajo, trabajar como freelance es una excelente manera de ganar dinero extra e incluso hacer crecer su propio negocio si así lo desea. A lo largo de mi carrera, tuve la oportunidad de trabajar en proyectos externos, además de mi trabajo habitual. Esto me brindó libertad creativa al trabajar con diferentes marcas y estilos, a la vez que ganaba dinero extra. También me ayudó a experimentar con nuevas herramientas y técnicas que nunca antes había utilizado.

Al trabajar como freelance, también pude adaptarme a mi propio horario, lo cual es una opción especialmente inteligente para quienes buscan crear su propio negocio. De esta manera, puede lograr un mejor equilibrio entre la vida laboral y personal.

Al principio, fue difícil conectar e incluso conseguir prospectos freelance. Simplemente contacté con mi pequeña red y les pedí que también compartieran la información con las suyas. Ahora hay muchas opciones en línea para anunciar su disponibilidad como freelance. Una vez que haya creado un currículum con más experiencia, verá que los trabajos freelance le llegarán con mucha facilidad. Gracias a mi experiencia en branding y diseño de credit unions, he podido producir trabajos para diversas instituciones bancarias.

Otra cosa que me encanta del trabajo freelance es que puede elegir con quién quiere trabajar y cuánto cobrar por su trabajo según la cantidad, la complejidad de los proyectos y las horas que le llevará realizarlo.

Sin embargo, el trabajo freelance no es para todos. Hubo momentos, al final de un duro día de trabajo, en los que no me apetecía seguir haciendo clic en el ratón durante otras 4 horas. Como el trabajo de diseño requiere tanta creatividad, a veces me costaba gestionar la cantidad de trabajo. No me gustaba decirle que no a nadie que me contactaba porque me preocupaba perder otras oportunidades futuras. Recuerde que su salud y el equilibrio entre su vida laboral y personal son más importantes. Pero si no tiene otra opción porque busca ingresos adicionales, considere limitar la cantidad de horas diarias que dedica al trabajo freelance. En lugar de prometer trabajo al día siguiente, dese más tiempo para distribuirlo en periodos más largos.

Para los freelancers que se dedican a esto a tiempo completo, colaborar con otros creativos y compartir proyectos con ellos también les permite construir su propia red de contactos y negocio.

– EPÍLOGO –
LA CHISPA DE PÍXELES
QUE ENCONTRÉ

Cuando me incorporé al mundo laboral, nunca imaginé que el camino me llevaría a donde estoy hoy. No esperaba que el diseño gráfico me salvara ni que me diera una alegría y un propósito tan duraderos. Desde niño, amé profundamente el arte, pero el mundo que me rodeaba hacía que ese sueño de trabajar en ese campo pareciera inalcanzable. Las expectativas familiares, las normas culturales y mis propias dudas nublaron el camino. Ganarse la vida como artista parecía poco realista, incluso ingenuo. No tuve mentores ni modelos a seguir que me mostraran lo que era posible, y durante mucho tiempo me sentí perdido, a la deriva en la incertidumbre de cómo podría ser un futuro sin un rumbo claro. Pasé años buscando un sentido de pertenencia, con la esperanza de encontrar un propósito en cualquier puesto creativo que me aceptara. Naturalmente, la animación me atrajo primero. Aunque nunca recibí el crédito cinematográfico que anhelaba, ese mundo me abrió los ojos al poder de la narrativa visual.

Esos primeros trabajos, incluso los que parecían

desvíos, me guiaron, paso a paso, hacia el diseño gráfico. Y cuando lo encontré, algo encajó. Me sentí como en casa.

No solo creaba, sino que comunicaba, influía y resolvía problemas. Construía algo significativo. Poco a poco, me forjé un espacio. Mi trabajo empezó a destacar. Encontré satisfacción no solo en el oficio, sino en el impacto que podía tener. Por supuesto, no todo era magia.

Experimenté rechazo, dificultades económicas y abuso profesional. Trabajé con personas que intentaron derribarme simplemente porque creían que podían. Pero de esas dificultades, aprendí sobre resiliencia, sobre dignidad y sobre el tipo de líder que nunca quise ser. También aprendí el valor de quienes creyeron en mí; quienes me dieron una oportunidad no porque conociera a alguien, sino porque vieron lo que podía ofrecer. Les debo más de lo que creen.

En aquellos primeros días, vivía al día, sobreviviendo con tarjetas de crédito y pura determinación. Nunca quise fama; solo quería ser un buen artista. Alguien que contribuyera a la profesión. Alguien que ayudara a impulsar el diseño. Esa pasión nunca flaqueó. Con tiempo, esfuerzo y corazón, maduré de aprendiz a líder, de forastero con esperanza a creativo respetado. La animación me enseñó a honrar el poder del detalle. El diseño me enseñó a hablar a través de imágenes. Ambos me dieron las herramientas para evolucionar.

Recuerdo que, durante la celebración de mi 30.º aniversario laboral, me preguntaron qué creía que había sostenido mi larga carrera. La respuesta fue simple: convertirme en el mejor en lo que hago. Amo lo que hago. Y aunque técnicamente todos somos reemplazables, el talento, la experiencia y la integridad te hacen indispensable. Pero, sobre todo, se trata de presentarse con profesionalismo, humildad y buen corazón. Así es como se construye una carrera. Así es como se deja un legado.

Y quizás eso es lo que realmente significa encontrar la chispa de píxeles. No se trata solo de magia en el sentido de los cuentos de hadas, sino de descubrir algo único y significativo en el trabajo diario. Está en los momentos tranquilos de crecimiento, en los proyectos que nos impulsan, en las relaciones que nos moldean y en la resiliencia que construimos cuando nadie nos ve. La chispa de píxeles no se la regalan; las encuentra cuando se presenta una y otra vez, con el corazón abierto y las manos listas a trabajar. No lo encontré todo de golpe. Lo encontré píxel a píxel, durante años de intentarlo, fallar, aprender y atreverme a seguir adelante. Y si está en ese mismo camino, sé que usted también lo encontrará.

PARA LOS SOÑADORES

Espero que estas páginas hayan hecho más que simplemente compartir mi historia; espero que haya encendido una chispa en su interior. Quizás sea la semilla de un sueño que alguna vez guardó, creyendo que estaba fuera de su alcance. Quizás sea un recordatorio de que su voz creativa importa, incluso si el mundo aún no la ha escuchado. Dondequiera que se encuentre en su camino, empezando, haciendo un cambio o reavivando una pasión latente desde hace tiempo, quiero que sepa que nunca es tarde para empezar de nuevo.

Si alguna vez se ha reprimido porque no creía en si mismo o porque no tenía los recursos, debe saber que no está solo. Yo he recorrido ese camino. Y aun así, con persistencia, apoyo y autodescubrimiento, encontré mi camino.

Nunca me rendí. Espero que estas páginas le animen a confiar en sus instintos, a invertir en su talento y a dar el siguiente paso, grande o pequeño, hacia la vida creativa que imagina. Ya sea que su camino sea breve o infinito, le deseo claridad, valentía y alegría. Que su camino le traiga no solo éxito, sino también plenitud, propósito y orgullo por el legado que está construyendo: un proyecto, un sueño, un píxel a la vez.

¡Fin!

RECONOCIMIENTOS

Como dije antes en el libro, nadie puede lograrlo solo en el mundo. Tengo muchas personas a quienes agradecer, y las que se mencionan aquí son solo algunas de las que me apoyaron y creyeron en mí incluso cuando dudaba de mí mismo. Gracias por cruzarse en mi camino en esta vida. En orden alfabético: Raul Adames, Albano Humberto Aguilar-Anderson, Mariela Aragon, Annette Arauz, Ileann Barsallo, Roger Barton, Sarah Berry, Olga Bravo, David Bufler, Scott Burkhardt, Steve Burkhart, Ace Carreon, Irma Cartaya, Raul Cisneros, John Cole, Nitza Correia, Anarkelly Cosca, Brian Crimmins, Isaac Crop, John Davis, Luis de la Espriella, Danielle DiMartino, Andrew Downin, Trevor Dreher, Janet Dunham, Marc Easter, Jeff Ebershohl, Alex Eiserloh, Francisco Flores, Raquel Gabuya, Colleen Gay, Renée Elise Goldsberry, Sergio Guillén, Emily Hand, Judy Haner, Kate Hartig, Shawn Hooper, Samantha Hubbard, Joelle and Brian Hutchins, Connie Jackson, Matthew Jones, Melia Keller, Ralph Kent, Amy Keys, Quynh Kimball, Eric Klee, Mouguett and Jose Lozada, Alex Maher, Monty Maldovan, Kamilah Marshall, Kathy Massee, Lisa Montgomery, Christopher Moore, Sean Moore, Zenia and Tommy Morris, Corey Moseley, Scott Myles, Leigh Nelson, Wilfredo Nuñez, Dawn Ockstadt, Jean-Paul Orpiñas, Sonia Ortiz, Chris Parker, Thomas Patti, Rick Pearce, James Peshek, Sandra Porter, Sammia Pratt, Bruce Quinn, Genevieve Rodriguez, Mark Rodriguez, Angel Sarria, Jan Sileo, David Silva, Roberto Singh, Karen Sitz, Amy Skiff, Ye Su, Peter Theo, Brad Tichenor, Teo Trandafir, Juliana Trujillo, Mario Urquia, Gegham Vardanyan, Noelia Villareal, Steve Vollmer, Tony West, Shellie West-Postal, Mia Winters, Nilena Zisopulos, y Darren Zwein.